JN298283

宿は湖上のホテル、ハウスボート。「プリンス・オブ・カシミール」（p.36「ハウスボート」）インド

シカラ（手漕ぎの小舟）でフローティングマーケットへ（p.45「フローティングマーケット」）インド

湖水で洗顔する横を花売りの船が横切っていく（p.45「フローティングマーケット」）インド

パハールガムで。ごうごうと流れる雪どけ水（p.51「ノープロブレム」）インド

パンダと記念撮影（p.126「こんにちは、パンダちゃん」）中国

砂山に赤い長靴が映える（p.130「一歩前進二歩後退」）中国

9月とはいえセーターを着込むほど寒いバンフ（p.157「バンフのフリータイム」）
カナダ

ルイーズ湖（p.157「バンフのフリータイム」）

モレーン湖（p.157「バンフのフリータイム」）

アマゾン川にて。ナマケモノを抱いた少女（p.172「アマゾンを下る」）ブラジル

マチュピチュの遺跡を背景に（p.200「リベンジ」）ペルー

雨上がりのマチュピチュ、太陽の門の向こうに二重の虹を見る（p.200「リベンジ」）

色鮮やかな民族衣装を纏ったインディオの女性たち（p.204「クスコ──インカの遺跡とリャマの街」）ペルー

リャマとインディオの子どもたち（p.204「クスコ――インカの遺跡とリャマの街」）

トトラ（蘆）を編んで作った船（p.207「ティティカカ湖で」）ペルー

島で飼っている子供のコンドル（p.207「ティティカカ湖で」）ペルー

別れのご挨拶に日本語で『チューリップ』を合唱（p.207「ティティカカ湖で」）

五人乗りのセスナで空中から地上絵を見る（p.219「ナスカの地上絵」）ペルー

ハチドリの絵をパチリ（p.219「ナスカの地上絵」）

ガラパゴス諸島巡りの観光船、サンタクルス号（p.230「サンタクルス号へ」）エクアドル

サンタクルス号へはバンガというゴムボートに乗って（p.230「サンタクルス号へ」）

顔つきに似ず性格はおとなしいウミイグアナ（p.233「ウミイグアナの島へ」）エクアドル

羽を広げると2メートルはあるグンカンドリ（p.238「グンカンドリの島」）エクアドル

グンカンドリは求愛中。のどの赤いのがオス（p.238「グンカンドリの島」）エクアドル

トルコ石のような青い足のアオアシカツオドリ（p.238「グンカンドリの島」）

アシカも岩にもたれてお昼寝（p.238「グンカンドリの島」）

入江ではペリカンが魚捕り（p.241「ラビダ島を巡って」）エクアドル

ダーウィン研究所にてゾウガメと（p.246「ゾウガメに会いに」）エクアドル

想い出は飛行機雲の彼方に

上巻

寺尾壽夫
Toshio Terao
寺尾節子
Setsuko Terao

文芸社

まえがき

二〇一一年私たち夫婦は金婚式を迎えました。長い結婚生活のうち、夫がドイツに留学し、続いてアメリカで研究するのについて行って外国で暮らしたことは何ものにも替えられない貴重な体験でした。

四十年前、ドイツへ向かうとき乗った欧州航路のフランス船での日々の記録は、二〇〇七年、夫と私の共著『想い出の欧州航路』にまとめ、その後ドイツとアメリカ暮らしのあれこれは二〇一〇年、やはり共著で『想い出のかけら』として出版しました。この二冊は外国人の中で初めて暮らした経験を書き留めたものですが、読み返すとその時々がはっきりと思い出され、再び楽しかった日々をやり直すような懐かしい思いがします。

一九七二年帰国して数年は夫は仕事で忙しく、帰国後もう一人息子が生まれたので旅行どころではありませんでした。再び夫婦で海外に出かけたのは一九八五年になってからです。その年ドイツで国際医学会があり一緒に出かけたので、終了後かつて過ごしたドイツのヴッパータールを再び訪れ、古い友人たちと旧交を温めることができました。

この旅を皮切りに国際医学会の機会に出かけ、学会のあとその周辺国を訪れたりしました。そのころはどこの国も平和で個人旅行を楽しむことができたのです。

夫の定年後はツアーに参加することが多くなりました。私たちは旅の記録を兼ねて印象的だったことをエッセイに書いていたのですが、いつの間にかかなりの量になったので、結婚五十周年の記念としてまとめようと思い立ったのです。

原稿を集めてみると予想より沢山になりましたので前篇と後編に分けて本にすることにしました。私たち二人のエッセイと夫の趣味の写真のコラボレーションは私たちの結婚生活の歴史のひとこまでもあり、何よりの記念になると思っています。

寺尾　節子

目次

北米編

中南米編

―エクアドル―

アジア編

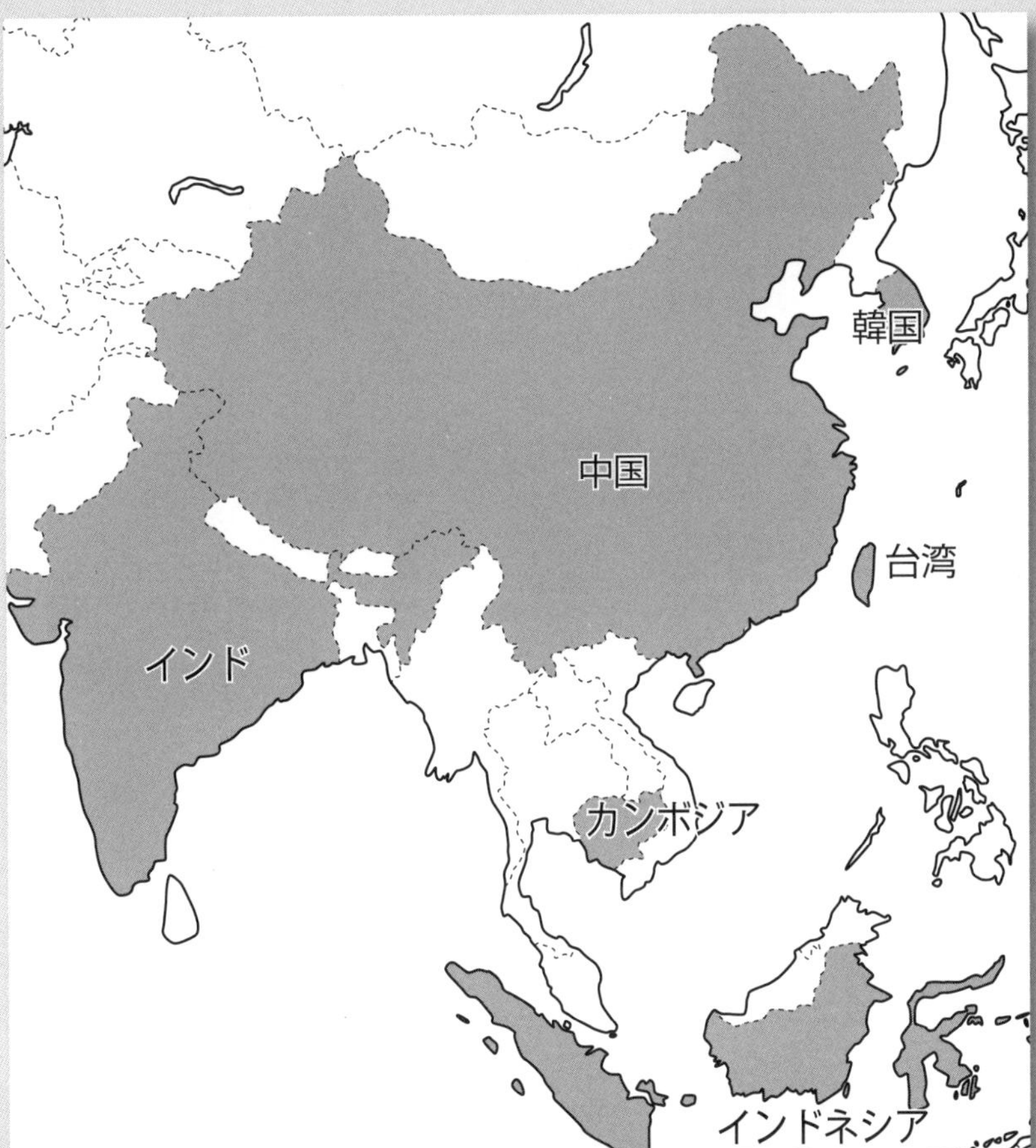

ささやかな国際交流——インド　一九八九・一〇

一九八九年十月、インドで国際医学会があって、夫と私はデリーのホテルに泊まった。翌朝ロビーへ下りていくと正面の壁に大きな赤い字で、「ハッピー・ディワリ、すべての人に繁栄を」と書いてある。ヒンズー教の三大祭りの一つ、ディワリにちょうど行き合わせたとは幸運であった。十月二十九日、商人を中心に庶民が盛大にお祝いするのだそうだ。

富と幸運の女神ラクシュミーの極彩色の絵が掛けられ、その下の大きなテーブルに、きんつばくらいの大きさの菓子が山積みされている。赤、黄、緑の色鮮やかなのが珍しい。

「ディワリのお菓子です。一ついかがですか」

ボーイがさかんに勧めてくれたが、何でできているのかわからないので遠慮する。

大理石の床には、米の粉を溶かした絵の具で細密画が描かれ、いくつも並べられた素焼きの燭台にローソクが立てられていた。

ディワリはまた光と音の祭りともいわれ、夜になると町のあちこちにイルミネーションがきらめき、花火やクラッカーの音が響き始めた。

賑やかな音に誘われて、私たちは豆電球で飾られたホテルのアプローチの坂を下り、大

豆電球で飾られたビルラ寺院

オートリキシャの小ぎれいな運転手と

通りへ出た。ガイドなしで少々心細かったが、町でよく見かけるオートリキシャに一度乗ってみたいと思っていたのである。

オートリキシャはオート三輪に屋根をつけた庶民の乗り物で、ホテルの敷地には入れてもらえない。辺りを見回したが、いつもならうるさいほど車が寄ってくるのに祭りのせいか数が少ない。

車が汚れていたり、英語が通じなかったりで何台かやり過ごしたあと、小ぎれいなオートリキシャが来たので乗ることにする。運転手の服装や態度もきちんとしていて感じがいい。口ひげを生やしているがまだ若いようだ。狭い後部座席に座り、イルミネーションが一番きれいな所はと尋ねると、それならビルラ寺院がよかろうという。車が走り出すと、窓ガラスがないので生ぬるい風がじかに顔に当たり、いろいろな匂いが飛び込んできて、インドにいるという実感がわいた。

運転手は名所のそばを通ると後ろを向いてあれこれ説明してくれる。わかりやすい、きれいな英語だった。父親は牧師さんだったそうだ。

寺院のイルミネーションは見事だった。たくさんある塔と塔を結んで光のロープが渡され、建物が闇の中にくっきりと浮かび上がって見える。

暫く眺めていたら、運転手が突然言い出した。

「お祭りのときはどこの家でも飾り付けをするんですよ。よかったら私の家に来てみませ

目の覚めるようなピンクのサリーをまとった運転手の兄嫁と筆者（右）

グリーンのサリーにお色直しした兄嫁と家族全員でもう１枚

んか」

思いがけない誘いにちょっと考えたが、興味があったのでついていくことにする。

彼の家は寺院のすぐ近くの木立の中にあった。細い道の先に長方形の白い長屋が二棟あり、間が広場になっている。外壁にすだれのように豆電球が下げられ、通路の両側の地面に二十センチほどの細いローソクが等間隔に立ててあった。炎が点々と並んでいかにも祭りらしい。

「日本の人を連れてきたよ」

彼が声をかけると、お母さんが驚いた様子もなくにこやかに私たちを迎えた。ドアを入るとすぐ部屋になっていて、右手の三和土のテーブルには小さな女神の像が飾られ、例のお菓子が供えてある。反対側の壁際のベッドが部屋の大部分を占めていた。いくつか部屋があるが、他の部屋を通らなければ奥へは行けない構造のようだ。ここには彼と両親、兄夫婦が住んでいるとか。

奥から兄嫁が目の覚めるようなピンクのサリーを着て現れた。

「わあ、きれい」

「お客様のために着替えて来ました」

と、お母さんは話しながら、供えてあった菓子を私たちに手渡した。

「ディワリのお菓子を食べると運が開けるんですよ」

断るわけにいかず一口齧ってみたら、猛烈に甘くて香料がきつい。残りはこっそり包んで持ち帰った。

外の広場に近所の人たちが集まっていた。大人も子供も一緒になって花火に興じている。シューシューと火が噴き出すものやネズミ花火など次々に火をつけ、歓声と弾ける音が周りの建物に反響して賑やかである。

写真を撮りたいというとお嫁さんが今度はグリーンのサリーに着替えてきた。並んでいると近所の人が羨ましそうに見ているので一緒に写す。

和やかな一時を過ごし、ホテルの外まで送ってもらって彼と別れた。

帰国してからこの顛末をＪＡＬのデリー支店に駐在した人に話したら呆れられた。

「現地の人についていくなんて、すごく無謀な行動なんですよ。まあ無事だったからよかったですけどね」

女神を祭るディワリの夜

寺尾壽夫

デリーのホテルのロビーに下りていくと、正面の白壁に赤い字でHAPPY DIWALIと大書してあった。その前に大きなテーブルが出ていて、赤や黄の派手な色の菓子類が山のように積まれている。一九八九年のインドでの国際医学会の折のことである。

ディワリは富と幸運の女神ラクシュミーの祭りである。ヒンズー教の三大祭りの一つで、十月の終わり頃、特に商人や庶民の間で盛大に祝われるのだそうだ。家の入口に素焼の小皿に油を入れた灯明をともしたり、豆電球のイルミネーションで町中が輝く、光の祭りでもある。山積みの菓子はこの行事につきもので、いくつか買えばきっと御利益がありますとボーイが教えてくれた。

夜になってあちこちでパンパンと花火やクラッカーの音が響き始めた。学会終了直後の解放感もあって、のんびりとオートリキシャを拾って市内見物に出かけた。オート三輪に屋根だけつけたタクシーの一種で、ちょっと埃っぽい夜風がじかに顔に当たる。

小ざっぱりしたなりの口髭を生やした若い運転手が、イルミネーションならビルラ寺院が一番というので、連れていってもらった。塔と塔の間に何本も電線が渡され、無数の豆電球が輝いている。建物全体が闇の中に浮き出してきれいだと感心して眺めていたら、運転手が、自分の家のディワリの飾りを見たいかと言い出した。

野次馬精神を発揮してついていくと、寺院の近くの木立の中に入っていく。長方形の白い長屋が二棟あって、壁面にすだれのように豆電球が飾りつけてあった。全部で六世帯ぐらいだろうか。通路に沿って火をつけたローソクが三十センチ置きに立ててある。中庭では大人と子供が一緒になって花火に興じていた。巨大なネズミ花火が

ロビーに飾られた富と幸運の女神ラクシュミーの絵

シューシューと音をたてて回り、パンとはぜる。歓声と花火の音が反響し、実に賑やかであった。

家に入ると、いきなりベッドのある部屋になっていた。三和土に置かれたテーブルの上に極彩色の女神の像と菓子が飾ってある。部屋数はたくさんあるようには見えないが、運転手親子と兄夫婦が住んでいるという。家族総出の歓迎で、目のさめるようなピンクのサリー姿の兄嫁が、ディワリの菓子をすすめた。

ホテルに戻ったあとも、花火の音は厚いガラス窓を通して一晩中続いていた。この祭りが終わると北インドには冬が来る。

アグラからバナラシへ――インド　一九八九・一〇

一九八九年十月、夫が国際医学会に出席するのについて北インドへ出かけた。ついでに少し観光しようと予定はかなり早めに組んだつもりだったのに、出発前夜旅行社の人が家へ来て、インド国内便の予約が一つも取れていないという。デリーでの国際医学会の日程に間に合わせるためには計画を延ばすわけにはいかないのでそのまま出発した。

会期中にはなんとかなるだろうと楽観していたけれど、結局飛行機は取れなかった。デリーからタージ・マハルのあるアグラまでは車で、アグラからバナラシへは列車で行くことになった。ガンジス河の沐浴で有名なベナレスは今バナラシという。

アグラのホテルへガイドが車で迎えに来て、町はずれの駅らしいところに着いた。人と車がごった返している。

ガイドは、夫と私を運転手と一緒に待たせておいて切符を買いに行った。どうなるのかと心配になったころ、彼は赤帽ならぬ赤シャツのポーターを連れて戻ってきた。

ポーターは痩せていて埃と日焼けで真っ黒な顔をしている。手に持っていた細長い布をくるくると丸めて輪にすると頭にかぶせ、大きな旅行用のスーツケースをひょいとその上に載せた。私たちがやっと持てるような重さなのに頭に載せるなんてとびっくりしている

ポーターは重いスーツケースを二個ひょいと頭に載せて

枕木も頭に載せて……

と、もう一つを運転手が手伝ってその上に重ねてしまった。呆れていると彼はスーツケースにちょっと手を添え、軽々と歩き出した。

中には割れ物も入っているのに落とされたら大変、と、ひやひやしながらついていくと陸橋があり、階段を下りるともう幅の広いホームになっていた。

ガイドは私たちをベンチに座らせ、膝の前に置いた荷物から絶対に目を離さないでと注意してから説明し始めた。

「九時四十五分と十一時の二本の列車があります。まず最初の列車が着いたら、すぐ車掌と交渉しますからね。少しお金がかかるけどいいですか。だめだったら次のにします」

「あら、一等席じゃなかったの」

一等は指定席だと信じていた私が驚いて尋ねると彼は説明した。

「勿論そうです。でも昼間の急行は席の指定ができないんです。必ず座れるようにしますから」

間もなく列車が入ってきた。広軌の機関車はまるで鉄の塊のようで、重々しいブレーキの音を響かせて止まる。列車のドアにはあふれた乗客がぶら下がっている。窓には全部十センチ間隔の横桟が取り付けられていた。ガイドブックによれば一等車はエアコン付きで素晴らしいとあったがあまりに違う。こんなのに乗るのかとがっくりしているとガイドが列車の後部へすっ飛んで行った。四、五人が車掌らしい赤ネクタイの制服姿の男を取り囲んで、口々に何か言っているのが見える。

やがて戻ってきたガイドは、この列車には一等が一輌しかないため席が取れなかった。選挙とヒンズーの大きな祭りが重なっているので混んでいるんです。次まで待ちましょうとベンチにへたり込んだ。がっくりするのはこちらの方なのに。

「百ルピー（当時千円くらい）もやると言ったのに断った。ひどい奴だ」

と運転手が怒っている。車掌にお金を渡して席をもらうのはよくあることだが、それにしても百ルピーは大金なのだそうだ。

この線はバナラシを通らないから近くの駅で降り、車に乗り換えると教えてくれたのもこの運転手だった。ガイドは都合の悪いことは言わない主義らしい。

次の列車を待つ間、荷物を監視しながら周りを眺めていた。

ホームには人があふれている。豊かそうな家族連れが多い。ご主人は背広か民族服、女性はきれいなサリーを着ていて、子供たちもきちんとした服装に靴をはいている。その間を縫って汚れた顔の子供たちが大きなビニール袋をひきずり、菓子の包み紙とか紙類のごみを見つけては拾っている。みんな裸足である。線路の間のごみも素早く取っていた。靴磨きがやってくる。これも子供だ。保線の作業員が四人で一本の枕木を頭に載せて通っていった。

次の列車は予定より一時間遅れて到着した。前のよりずっと長い編成で、一等車も数輌ついている。

今度は必ず席を取りますからとガイドは真剣な顔つきで消えてしまった。ホームに急に人が増えた。

待つほどもなくガイドが現れ、

「座れるように車掌と話をつけたから、とにかく乗っていてください。一切合切含めて四百ルピーかかります」

早口で言うなり彼はお金を受け取ってまた走って行った。わけがわからないまま私たちは高いステップを上がり、荷物を運び込んでコンパートメント脇の通路に置いた。

突然、目の前のホームに面した窓越しにガイドが顔を覗かせ、青いシャツの男を紹介した。自分は列車に乗らないが、この人が面倒を見るからとわめいている。料金はもらってあるからこれ以上お金を払う必要はない、という彼の声が終わらないうちに列車はゆっくり走り出していた。

「あれ、青いシャツの男はどこへ消えたのだろう」と夫。

「面倒見ると言っていたから列車には乗ってるはずよね」

私たちはどうすればいいのかわからないので、とりあえず通路に置いたスーツケースに腰を下ろしあたりを見渡した。コンパートメントの鉄のドアはすべて閉められていて、中の様子が全くわからない。どこもかしこも埃だらけだ。仕方なくぼんやりと景色を眺めていると、やっと青シャツが姿を見せ、「隣の車両へ行くように」と言った。

連結器のあたりの床に座り込んだ人をかき分け次の車両に行くと、車掌室にやけに太った車掌がドカッと腰を下ろし、周りに大勢の人が立っていた。彼は切符を見て紙に何か書き込んだがそれきり何も言わない。

横にいた人に荷物がまだ向こうにあると話すと、すぐ取りに行こうと一緒に来てくれた。フーフー言いながらスーツケースを運んできた夫が、

「近くにいた人が皆で荷物を運ぶのを手伝ってくれたからね。あらゆる細菌がついているぞ」

とうんざりした顔つきで言った。当時は車輪付きのスーツケースはなかったから重いのを運ぶのは一苦労だったのである。

列車が止まり、次の駅で車掌は私たちを空いた席に押し込み、鍵をかけて行ってしまった。

席に落ち着いてみると、インドでは「列車に乗る」だけで大冒険をしたような気がするものだとなんとなくおかしくなってきた。

列車の中で――インド　一九八九・一〇

インドの北部で列車に乗り込んで七時間ばかり経っていた。見渡す限りの平原を走っていたのだが、日が暮れてしまうと、時折ちらっと灯が見えるだけで、あとは天と地の区別もつかない真の闇である。十月も終わりに近く、インドとはいえ、さすがに冷え込んで上着など取り出して着る。窓のブラインドを下ろしたあと、ぼんやりとした裸電球の下で、コンパートメントの人たちと、なんとなく向き合う感じになった。

一等寝台車の車室は、夜八時までは定員六人なのだそうだが、幼児を含めて十人が詰め込まれていた。昼間の一番混んでいたときには二段ベッドの上まで人が上がっていたから、これでもゆったりした方である。

夫と私は窓際にくっついて腰をかけ、真ん前の席には始発から乗ってきたという老夫婦があぐらをかいて座っている。一等に乗るのは上流階級で、身なりも悪くない。

白い民族衣装を着た老人は、乗り込んだときから私たちを興味津々という顔つきで眺めていた。ガイドに渡された切符をひねくり回していると、彼はそれを取り、目的地まで大体八時間かかるが、自分たちは終点のカルカッタまで行くから降りるときは教えてあげようと言ってくれた。内ポケットにボロボロの小額紙幣を束ねたのを持っていて、駅に着く

一等寝台車で出会った奥さんと筆者（右）

たびにそれを出して何かしら買っていた。

奥さんは赤い下着に白い透ける布地のサリーを着ている。この埃だらけの中でよくこんなにきれいにしていられるものだ。

途中からそれぞれ二組の家族が乗ってきたのだが、幼児を連れた二組の家族が乗ってきたのだが、幼児は二人とも眠ってしまい、インド人の大人同士では自然に世間話が始まっていた。

しかし、私たちはまだ二人だけ取り残されていた。夫は医者なので、職業柄病原菌には非常に神経質である。ホテルを出ると、熱い紅茶以外は口にさせてくれないし、エアコンのない急行に乗って、その辺りに触るだけで病気になりそうな気がするのか、身を固くして座っている。病気になっても知らないよと言われるので、私も常になくおとなしくしていた。

彼らの話はほとんどわからないが、どうやら私たちが話題に上ったらしい。ちらっちらっと投げる視線を感じてふとそちらを向くと、若い男性がすかさず話しかけてきた。

「私の家内は神経の患者なんです」

どうして夫の専門がわかったのかと私たちは思わず顔を見合わせた。みんなの方を見ると、初めから乗っていた老人が夫のショルダーバッグを指さした。デリーの学会場でもらったもので、脇にデカデカと世界神経学会と名前が入っている。これでは先刻ご承知のわけだ。

夫は苦笑して、それで？　と目で問いかけた。彼がしびれがどうのこうのとインド訛りのおそろしくわかりにくい英語で説明するのを何度も聞き直していると、奥さんがいきなり手を出した。手のひらの親指の付け根辺りを押さえてみせる。びっくりしたような目の大きい色白の美人で、病気のようには見えない。

それまで何も触らないようにしていた夫も、手を出されては仕方がない。診察となると医者の意識が優先するらしく、いろいろ質問しながら丁寧に手を調べた。

「ああ、これなら手術をすれば治ります」

と言うと、彼女は飛び上がって手を引っ込め、強い口調で抗議した。

「手術をしなくてもヨガで治るって、病院のドクターが言ったんです」

インドの女の人がご主人を差し置いて、よその男性にじかに話すのは珍しい。よほど手術がいやなのだろう。

　彼女の夫が立ち上がり、スーツケースをベッドの下から引きずり出した。奥さんと話しながら何かゴソゴソ探している。全員が見守る中で、やっと大判の封筒を見つけると、彼は夫に一枚の紙を渡した。デリーの病院でもらったＭＲＩの検査所見を見てくれというのである。

「この病院ならデリーにいたとき見ましたよ」

　夫は言いながら内容をチェックした。やはり脊髄の病気で、それで見る限りではインドの医学のレベルもなかなかのものだそうだ。

「まずヨガによる運動療法を試してみたらどうですか。それでだめだったらこのドクターに改めて相談すればいいでしょう」

　話を聞いて奥さんはほっとしたような顔をした。ご主人が、

「あなたは正真正銘の神経内科のドクターだ」

　と芝居の科白みたいなことを言いながら握手を求めてきた。

「ドクターと乗り合わせて私たちは本当にラッキーでした。同じ駅で降りますから、お困りのことがあれば仰ってください。よろしければぜひサインをいただきたいのですが」

　夫が名刺にサインをして渡すと、彼はひどく喜んで大事そうに袋にしまった。どうしてそんなに感激しているのかよくわからなかったけれど、医療事情はやはり日本とは随分違

うのだろう。

列車が駅に着くと、彼らは私たちの荷物を下ろしてくれ、インド風に合掌して別れていった。

国際親善

寺尾壽夫

一九八九年十月にデリーで開催された世界神経学会に出席した折、インドの列車に乗った。

広軌の電気機関車は堂々として貫録十分であるが、その急行には暑い国なのにエアコンがなく、一等といってもあまりきれいではない。おまけに定員六名のコンパートメントに八人も詰め込まれてしまった。

私が車窓からどこまでも続く夕暮れの平原を眺めていると、更に夫婦が乗り込んできた。暫くすると、その夫の方が先客の老人に、私のことを尋ねているのが耳に入った。老人は、私がデリーのコングレスに出席した神経のドクターだと教えている。話した憶えはないのに、学会場でもらった鞄の名札を目ざとく読んでいたらしい。

彼はそれを聞くと私に向かい、「家内が神経の患者なんです」と言い出した。

彼の英語はわかりにくいので何度も聞き返していると、奥さんが、「この辺に麻痺があるんです」と言って手掌を見せた。ピンクのサリーを着て、びっくりしたような大きな目をした美人である。

私は萎縮した拇指球を触りながら、手根管症候群かな、ALSかな、それとも……と考えていると、夫の方はトランクをかき回し、やがて一枚の書類を出して私に渡した。それはデリーの国立病院の脊髄のMRIの所見だった。

インドの医学も結構レベルが高いなあと内心思いながら読んでみると、D_1〜D_9の間の硬膜外に脂肪腫があると書いてある。

「これなら手術をすれば良くなります」

と私が言うと、奥さんがムキになって抗議した。デリーの国立病院の先生はヨガで良くなると言ったというのである。よほど手術が嫌なのだろう。

「運動療法で効果があればそれでも良し、効果がなければ手術をすれば良いでしょう」

などと病気についていろいろ説明をすると、二人は喜んで、同じ列車に乗り合わせて本当にラッキーでした。ぜひサインをと請うた。

名刺にサインをして渡し、ふと気がつくともうすっかり日が暮れている。線路に迷い込む野良牛を警戒してか、列車はひっきりなしに警笛を鳴らし、光一つ見えない漆黒の闇の中を驀進していった。

ゴールデン・ピーコック

一九八二年のインドの総選挙では元首相の暗殺などで大騒ぎだったが、一九八九年のデリーでの国際医学会の折もちょうど総選挙の最中で、人の動きがやたらに激しかったのを思い出す。そのため国内便の予約がとれず、ジャイプルからタージ・マハルのあるアグラまでは車による移動を余儀なくされた。

当日朝、旅行社の連絡より二時間も早く車が迎えにきた。町を出る頃にやっと夜が明けはじめ、人気のない道を大きな鳥が歩いている。驚いたことに野生の孔雀だった。長い尾をユサユサとふって悠悠と餌をついばんでいる。写真を撮ろうと近づくと、意外に足が速く逃げ出してしまう。何度か車を止めさせて写真を撮っていたら、よほど鳥好きだと思ったのか、ガイド兼運転手が野鳥公園へ行かないか、百五十ルピーでいいよという。二時間も早く出発したのはこういう小遣い稼ぎの魂胆があったと判明。

KEOLADEO野鳥公園は広大な面積の湿原で、輪タクで見物するようになっている。赤いターバンの屈強な男が自転車を漕ぎながら鳥の説明をしてくれた。道端の大木に野生のインコが群がり、水の中には何種類ものサギや、ヘビそっくりの頭をもった鳥がいる。白いフクロウが昼間なのにパッチリ開けた目で我々を眺めていた。

ペリカンの群棲しているところはそれは見事だそうだが、四時間もかかるというのでやめる。真っ白なウォーターバッファローが一列になって湿原を横切っていった。

外へ出ると、ガイドはゴールデン・ピーコックを見たいかという。白い孔雀は聞いたことがあるが、黄金色とは珍しい。期待は大きく膨らんだ。孔雀はインドの国鳥だから、てっきり珍種だろうと私は勝手に思い込んでしまった。

夕方アグラに到着。動物園に行くのだと思っているのに車は町中の一軒の家の前に止まった。黒い頑丈そうなドアの横に、ガードマンが控えている。こんなところで鳥を飼っているなんて不思議だなあと考えたが、降りてみてわかった。ゴールデン・ピーコックとはなんと美術品を扱う店の名前だったのである。

見捨てられた都　ファテープル・シクリー

この頃のテレビは世界中の天気を報道する。デリーは連日四十度を超す暑さというのを見て、灼熱の太陽に焼かれて乾ききった丘の上に聳え立つ、ファテープル・シクリーの赤い砦が目に浮かんだ。国際医学会のあと、訪れたタージ・マハルから車で四十分ばかり、かつての首都で、城門の前には素焼きの壺をいくつも並べた水売りが、燃えたつかげろうの中に座り込んでいたのを思い出す。

この城は十六世紀にアクバル皇帝が建てたものである。世継ぎに恵まれないのを悩んでいた皇帝はこの地に聖者を訪ねた。翌年には王子が誕生するという予言が当たり、大層喜んだ皇帝は聖者のために住居を建て、ついでに自分の城も造り、そこに都を移した。ハレムの女たちとかくれんぼをしたり、彼女たちを駒に見立ててチェスを楽しんだところも残っている。しかし水の便の悪さに勝てず、十五年ののち、皇帝は来たときと同じように、突然この地を見捨ててしまった。

古いインドの歴史の一頁を飾る不思議な物語を語るガイドは、これ以上痩せるところがないほど細い老人であった。彼はツアーの終わりに、我々を昔の貯水池のところへ案内した。恐ろしく急な階段を下りると、城壁の真下にプールぐらいの大きさの濃い緑色の池があった。あまりに不透明で濃度があって、とても水とは思えない。

ガイドは暫くすると筋骨逞しい水着一つの男を連れてきた。二十メートルはありそうな城壁の上から、池へ飛び込んでみせるというのである。まさかといぶかる我々を残して、男はあっという間に階段を駆け上がり城壁の上に立っていた。唖然として見上げる我々に向かって大きく手を振ると、彼は次の瞬間身を躍らせた。

夕陽に全身をきらめかせながら足を下に石の如く落下してきた褐色の肉体は、ずーんという鈍い音を残して緑の水面を切り裂いていた。数分後我々の傍に立った彼は見物料として百ルピーを受け取り、意気揚々と人ごみの中に消えていった。乾いた石畳

炎暑の赤い城の前に、水売りの壺がいくつもならぶ

20 メートルはありそうな城壁から池に飛び込むパフォーマンス

にくっきりと濡れた足跡が残された。

日本は今梅雨の真っ最中、灰色の空から落ちてくるいつ果てるともない雨を眺めていると、ファテープル・シクリの乾ききった風景と物語が奇妙な対比となって甦ってくる。

ヒマラヤ山麓の保養地――インド　一九八九・一〇

ハウスボート

一九八九年十月、夫が国際医学会へ出席するのについてインドへ出かけ、学会終了後北西部のカシミール地方まで足を延ばした。昔から交通の要所にあるこの地方は国境紛争が絶えず、今でも新聞でいざこざのニュースをよく見かける。

当時も外務省から当該地方への渡航自粛の通達が出ていたが、出発直前に解除され、急に行けることになった。州都スリナガルはヒマラヤ山麓の夏の保養地で、インドといっても十月にはもう火が恋しいところである。

朝早くスリナガルの空港に着くと、銃を構えた兵士たちがあちこちに立っていて、紛争の影を感じさせた。のんびり写真を撮ろうとしたら恐ろしい顔で怒鳴られ、慌てて通関を済ませた。ハンドバッグの中まで調べられる。

ロビーに出るといろいろな顔つきのインド人でごった返していた。二人だけの旅で他に日本人は見かけないし、胸に旅行社の名札を付けて現地のガイドが現れるのを待つのはなかなかスリルがあるものである。

待つことしばし、やっと中背の若い男が現れて英語で私たちを確認した。日本語を話せる人を頼んでおいたはずと言うと、

「そんなガイドはこの町にはいないよ」

彼は澄ましたものである。黒い短い髪に口ひげを生やし、ブルーに黒の編み込み模様の厚手のセーターを着ている。

彼に連れられてがたがたの古い車に乗り込み、日程の打ち合わせをした。その日は市内の皇帝の庭園を見物、翌日はオプションで百キロばかり山奥に入ったパハールガムまで行くことになる。八時に出て向こうで数時間過ごし、帰り着くまで含めて四十五ドルというから安い。一ドル百四十円の頃だったから七千円弱というところ。

話がついたので私たちはまずホテルへ向かった。町の中心にあるダル湖という大きな湖に沿った道に出て車は止まったが、それらしい建物はない。きょろきょろしていると彼は対岸を指さして、

「あのハウスボートの一つに予約してあります」

出発前スリナガルへ行くと話したら、友人の一人はぜひハウスボートに泊まるようにと薦め、もう一人はあれはやめた方がいいと答えた。案内書の写真は小さすぎてよくわからない。政情不安のゴタゴタがあって何も決めないまま私たちは出発したので、このときまでどこに泊まるかも知らなかったのである。

遠くてはっきり見えないが向こう岸に船がぎっしり並んでいる。百艘はあろうか。やめた方がいいと言った友人の顔が浮かび、私はいやな予感がした。おまけに宿へはシカラと呼ばれる手漕ぎの小舟で行くしかないと聞き、不安は一層つのる。私は泳げないのだ。

湖岸の石段を下りると、小舟が待っていた。夫と私、トランク二個とガイドが乗ると舟はかなり沈む。船頭は舳先にしゃがんで、スコップの柄をうんと長くしたような櫂で左右の水をかく。音もなくシカラは進み、十分ほどで対岸に着いた。

「へえー、ハウスボートってこういうのだったたんだ」

陸へ上がって私は宿となる船を横からじっくりと眺めた。ガイドブックの写真から想像していたよりずっと大きくて立派だ。ずらりと並んだハウスボートの中でもとくに目立つ。黄色っぽい色の木造で、高さは二階建てくらいのかなり長いものである。湖中の浮き島に固定されたハウスボートは植民地時代、避暑に来た英国人がホテルとして使ったのが始めで、今はスリナガルの名物になっている。

ハウスボートの後《とも》ろが正面入口になっていて、柱に至るまで全面に細かなトルコ風の彫

ずらりとならんだシカラ。ハウスボートへはこれに乗って向かう

シカラの漕ぎ手（シカラボーイ）と筆者

シカラボーイは掃除もする

刻が施されている。透かし模様のところが特に見事だった。

中に入ると、小柄だががっちりした体格の、恐ろしく立派な口ひげを生やした男が私たちに挨拶をした。ハウスボートのオーナーで宿の主でもある。差し出された宿帳に夫が書き込んでいる間、私は部屋を見回した。ロビーには手の込んだ模様の真紅のカシミール産のカーペットが敷き詰められ、ソファーや木彫りの飾り戸棚が置いてある。カシミール地方のいろいろな特産品が珍しい。

隣は食堂で、大きなガラスのシャンデリアが下がっている。その先の小さなキッチンに続く廊下に面して私たちの部屋があった。全部で四つあるそうだが、十月はシーズンオフで他に客はないようだ。

荷物を置いてすぐ、私たちは市内見物に出かけた。町まではまたシカラで行く。それぞれのハウスボートは自家用を持っていて、客の送迎や買い物に使っている。シカラボーイは掃除から皿洗いまで雑用一切を受け持っていた。

今度は舟に少し慣れて、宿を振り返ると屋根に大きな看板が出ていた。屋号は「プリンス・オブ・カシミール」。なんと大げさなと思ったが、並んでいる船の中でも立派で綺麗な方だとわかって納得した。

市内観光はかつての皇帝の夏の住まいを見て歩く。どれも山の中腹にあってケイトウの赤が緑に映えていた。たいてい水路がしつらえてあるのだが、水が少なくて噴水装置が乾きっている。

湖に沈む夕日が美しいと聞いたので庭園の東屋で暫く待った。ダル湖はぐるりと山に囲まれているので太陽は実際には高い山の端に沈むのだが、水面に山々が逆さまに映るため山と湖に沈む二つの太陽が一望のもとに見える。島と島とを結ぶ石造りの橋が、水を染めたオレンジ色の夕日の中に黒く浮き上がって見えた。

見物をすませたあと、近くのカーペット工場で値段の交渉をしていて帰りがだいぶ遅くなる。もう真っ暗で寒く、待っていたシカラボーイが毛布にくるまって震えていた。

宿へ戻るとロビーは明るくて暖かだった。ほっとして部屋に行くと電気が暗い。十個ほどある電球はボーッと光るだけ、辛うじて手を洗い食堂へ出たら、シャンデリアがつかないとオーナーがバタバタしていた。この船にはオーナーとシカラボーイしかいないらしい。ロビーの電気もすっかり暗くなっている。

「今年は雨が少なくて湖の水位が下がったので水力発電の電圧が低くて困っちゃう、十五分たったら明るくなるよ」

と言って彼は奥へ走っていった。夫と大きなテーブルを挟んで座ったが暗くて顔も見えない。

十五分たって、明るくなる代わりにローソクが一本来た。発電機がうまく作動しないのだという。オーナーは赤の上着を着て給仕に早変わり、カシミール風だよと料理を運んできた。大皿にインディカ米の白いご飯、ジャガイモのスープ煮とぐちゃぐちゃに煮込んだ黒っぽいものを盛りつけたのが出たが、暗くて何だかわからない。ご飯に混ぜて食べたが、カレー味の鶏肉とかマトンといったところだろうか。空腹にまずいものなしで、まあまあ美味しく頂いた。夫がジャガイモをお代わりするとオーナーがものすごく嬉しそうな顔をした。

コーヒーのあと部屋に引き上げたが、まだ電気が来ないので仕方なく寝ることにした。ストーブが燃えている上、湯たんぽを入れてもらってぬくぬくと一眠り、ふと気がつくと異様に明るい。電球という電球が先刻の埋め合わせとばかりに輝いている。眩しいのでスイッチを切って眠りなおした。

夜明け前、寒くて目が覚めた。ストーブの横に薪が積んであるので、夫が火をつけようかと起き出す。薪を入れ、荷物の中の週刊誌をばらして丸め、百円ライターで火をつけた。タバコは吸わないが物々交換用に持ってきたのが思いがけず役に立つ。

大かた一冊燃やしたのに暖かくならない。仕方なくオーナーが来るまで待つことにした。彼はやって来るとストーブの中を覗き、「あれまあ、ぺーパーだらけ」と呆れたように一言いうなり、上の穴から思いきり息を吹き込んだ。ぼおっと炎があがり、急速に部屋が暖かくなっていく。なんだかハウスボートが、だんだん面白くなってきた。

ダル湖のハウスボート

寺尾壽夫

インド北西部カシミール地方はヒマラヤ山脈の西端にあり、古くから交通の要所として開け、避暑地としても有名である。

一九八九年十月下旬、夏の州都スリナガルを訪れた折、名物のハウスボートに泊まった。船をホテルにしたもので、ロビー、食堂の他に立派な家具の入った客室が三、四室ある。植民地時代避暑に来た英国人が使用したのが初めで、町の中心にあるダル湖に百艘ばかりずらっと係留されていた。

岸辺からハウスボートまでは迎えの小舟、シカラに乗っていく。シカラボーイが舳先にしゃがんで櫂で漕ぎ、客は天蓋の下の大きなマットレスにゆったりと座って周りの景色を楽しむ。ハウスボートにはそれぞれ「アリゾナ」とか「ジャクリーン」とか思い思いの屋号がつけられていて面白い。道から離れると車の音もかすかになり、シカラのたてるさざ波に日の光が反射してきらめいていた。

私の宿のハウスボートは「プリンス・オブ・カシミール」という名の豪華なもので、入口は細かい透かし彫の木でできていた。入るとすぐロビーになっていて、織り模様の美しいカーペットが敷きつめてあり、シカラボーイが箒草を束ねたもので掃除していた。部屋は広く、流しの水が湖に落ちる音が聞こえなければ水の上とは思えない。

　ここでは外出するのも、外出先から戻るのもシカラに乗るしかない。昼間カーペット工場に寄って遅くなったので夜の湖をシカラに乗って宿へ戻る。波間に月の光が砕け、漕ぎ手の歌う歌声が静かな湖に響いて旅心を満足させてくれたが、冷たい夜風が身にしみた。

　寝るときはまだよかったが、朝方寒くて目が覚める。幸いストーブの横に薪が積んであるので、起き出して火をつけることにした。薪を数本入れ、日本から持ってきた週刊誌を数ページ裂いて火をつけたが、紙がぼっと燃えただけで薪には一向に移らない。次々にページを切り取っては試したが、とうとう一冊分使ってもうまくいかず、仕方なくベッドにもぐり込んで宿の主人が起きるのを待った。

　やがて現れた主人は、焚き口を開けて「ペーパーが一杯」と呆れた口調。

「昨夜は寒かったね。この湖は冬は凍結してしまうんですよ」

　と言いながらがちゃがちゃやると、火は勢いよく燃え出し、部屋は一気に暖かくなった。

　テレビの「世界の天気」でデリーでは十月が終わっても三十度を超えると報じているが、ダル湖にはもう雪が舞っているだろうか。

フローティングマーケット

ハウスボートでの一夜が明けた。私がのんびりベッドで竹細工の天井の模様を眺めていると、夫があたふたと戻ってきた。いつの間にか写真を撮りに外へ出ていたらしい。

「ロビーに行ったら昨日のシカラボーイが隅の方に寝ていてさ。足音で目を覚ましてフローティングマーケットへ行きたいかって言うんだけど、どうする?」

ガイドブックには載っていないが、面白そうと飛びついた。寒いのでありったけの服を着込んで外へ出ると、湖はまだモノクロームの世界であった。山に阻まれて日の出には間がありそうだ。少し緑色を帯びたグレーの滑らかな水面に、湖を囲んだ高い山々が黒く逆さまに映っている。離れた所に小舟が一つ、何をしているのだろう、舟と立っている男と柄の長い櫂がシルエットになっていた。

船着き場にはもうシカラボーイが待っていた。彼の着ている毛布のような生地のオーバーは、ズボンの裾の辺りまですとんと垂れ、暖かそうだ。

シカラの真ん中にはセミダブルくらいの大きさの背もたれの付いたマットが置いてある。四隅に柱が立ててあり、小さな屋根が載っていて天蓋付きのベッドのようだ。屋根の正面の板に所属するハウスボートの屋号が書いてあった。柱にはカーテンらしき布が巻きついているが、十月はもうシーズンも終わりで日焼けしてよれよれの布はかえってわびしさをそそる。

マットは私たち二人が足を伸ばして座ってもまだゆとりがあった。シカラボーイが渡してくれた毛布にくるまって水上を行くと、なかなか優雅な気分になる。博物館で見た皇帝の肖像は小錦クラスの偉容を誇っていたから一人で一杯になってしまうだろう。しかし大勢お供がつくはずだから、こんな小舟ではなく、ハウスボートそのもので船遊びを楽しんだのではないかしら。

ダル湖は長さ八キロ、幅五キロ、岸と反対側に向かうと浮き島と浮き島の間の細い水路へ出た。一種の交通標識なのか、棒杭が両側に立っている。ハスが一面に生えて岸辺にポツンポツンと家があった。切り妻の背の高い家で倉庫のような感じだ。

島の間を通り抜け三十分ほどでフローティングマーケットに着いた。市場と言っても何の目印もない、ただ大きく開けた水面にシカラがゴチャゴチャと集まっているだけである。見渡す限り男ばかり、全員口ひげや顎ひげを生やしていた。トルコ帽かお椀のような毛糸の帽子を被り、例のコートを来て舳先にしゃがみ込んでおしゃべりに夢中である。

どうやらこれは野菜の市らしい。一つの舟に野菜は一種類だけ、カリフラワーやキャベツが、それぞれむき出しで山積みしてあるのが面白い。ホウレン草にいたっては抜いたそのまま積んであるので、草のように見える。人参、カブなど見慣れた野菜ばかりでちょっとがっかりした。

たくさんの観光客の舟がぐるりと周りを囲み、眠いのか寒いのか皆押し黙って様子を眺

朝まだき湖上はモノクロームの世界

市場といってもシカラがゴチャゴチャ集まっているだけ

めている。隙間を縫って客目当ての物売りの舟が割り込んでくる。ごつんごつんとぶつかる音が響くが誰も振り向きもしない。

この地方独特の丸くて白い平たいパン、真ちゅうの飾り物、ネックレスなど次々に売りにくるがあまり売れていないようだった。おじいさんが寄ってきて、ハスの花を二本突き出し、「一ルピーおくれ」と叫んでいたがすぐ諦めて行ってしまう。

すぐそばの舟の中にカゴのようなものが見えた。直径二十センチほどの籐製の植木鉢のような形のもので、赤や緑の編み込み模様が入っている。太いしっかりした持ち手が付いていて珍しいのでカメラを向けると、中の人が差し上げて見せてくれた。内側は素焼きの鉢で中に白い灰が入っている。夫がいきなり大声を上げた。

「ああ、これかあ。昔の病理の本に出ていたやつだ」

医学部の学生の頃読んだ本にカシミール地方の携帯火鉢とあったが、どんなものかわからなかったのだそうだ。灰の中に炭火を入れて持ち歩き、暖を取るときよく火傷をするのでそこから癌が発生することが多いとか。長年の疑問が解け、実物にお目にかかって喜んでいる。

水際から冷気が上がってくるので帰ることにした。市の男たちはまだ動こうともしない。

帰りの水路で珍しく女の人に出会った。三艘の小舟がぴったり寄り添って並び、白い布を被った年配の三人が巧みに舟を漕ぎながらおしゃべりを楽しんでいる。飼料なのか水草を山のように積んでいて、そのうえに黒い鳥が澄まして止まっていた。

宿の近くで突然陽が射し、景色に色がついた。華やかな色のサリーを着た家族が船着き場に現れ、湖の水で顔を洗っている。花売りの舟がスーッと目の前を横切っていった。

カシミールの火鉢

寺尾壽夫

一九八九年の秋、インド・カシミール地方の州都スリナガルを訪れた。国境紛争のあおりを受け緊張感が漂っていた空港とは裏腹に、町の中心にあるダル湖の光景はあくまでものどかであった。湖は差し渡し八キロくらい、中央の浮き島には百艘以上ものハウスボートと呼ばれる水上ホテルが係留されている。その一つに泊まった翌朝早く、ボーイが水上マーケットを見にいかないかと誘いに来た。

高い山々に囲まれて日の出が遅い湖上はまだ薄暗く、行き来する小舟の人がシルエットになって、まるで影絵を見ているような感じである。この地方はインドといっても、夏でも朝夕はかなり冷え込む。

ここでは、シカラという手漕ぎの小舟が唯一の交通手段である。浮き島の縁を回って反対側の水上マーケットに出るのに三十分ほどかかった。

水上マーケットは商品を載せた小舟が集まってくる水域で、既に野菜やパンなどの

カシミール地方の携帯用火鉢、カンガウ

食品を満載した小舟がひしめき合っていた。ごつんごつんと舟縁の当たる音が響くが、お構いなしである。水上からじわじわと寒気が上ってきて、思わず毛布をかき寄せた。

　商売人は全員男で、口ひげや顎ひげを生やし、トルコ帽か毛糸の帽子を被っている。毛布のような布でできた、ずん胴の足元まである長いコートを着て、隣り合ったボート同士でお喋りに余念がない。

　覗き込むと珍しい物が目に入った。眺めていると、中の男がそれを持ち上げて見せてくれた。赤や緑の編み込み模様が入った直径二十センチばかりの籐製の籠で、太いしっかりした持ち手がついている。内側の素焼の鉢に灰と赤い炭火が入っていた。

「ああ、これが学生の頃病理学の本で読んだカシミール地方の携帯用火鉢だ」

と、はたと気がついた。確か股火鉢にして暖をとるため火傷をしやすく、皮膚ガンの原因になるとあったが、当時はどんな形の物か見当がつかなかった。長年の疑問が氷解した感慨にふけっていると、隣で水ギセルを吸っていた男が、「カンガウ」(kangaw)というのだと教えてくれた。

小舟の込み合う中を抜けて帰途に着く頃、ヒマラヤに連なる山の端に日が昇り、湖に薄くたち込めたもやが消えていった。

ノープロブレム

その日は朝から快晴だった。八時に湖岸の道に出ると、もうガイドと運転手が待ち構えていた。前日のより少しきれいな車である。そういえば遠出だからいい車を持ってくるとガイドが言っていた。

町を抜けて大きな通りをそれると道は細く曲がりくねっている。牛や羊の群れが飛び出してくるし、歩いている人も多い。舗装してない道を砂埃を巻き上げながら車は猛スピードで走る。

途中、学校らしいところで一休みした。古い木造の建物と裏のリンゴの果樹園の間に草原があり、そこで子供が二十人ほど勉強をしていた。地面に座り、石板に何か書いている。そばにいた先生に聞くと、あまり天気がいいので外でテストをやっているのだそうだ。

三時間ほどでパハールガムに到着した。

標高二千三百メートルの谷間の村はトレッキングの基地だそうで、表通りには人が溢れていた。名前はわからないがすぐ近くに冠雪した高い山がいくつも見え、ヒマラヤまでよく来たものだと感激する。

昼食をとったホテルの窓からは谷全体を見渡すことができた。針葉樹の森をバックに幅の広い川には水が勢いよく流れている。岩に当たってしぶきが飛び、ごうごうと流れる音だけが響いていた。あとで川岸まで行き水に手をつけてみたらしびれるくらい冷たかった。

食後、私たちはポニー乗りに出かけた。二人で三十分千五百円という。一日車を乗り回して七千円に比べるとベラボウに高い。

「ポニーって怖くない？」

私がガイドに尋ねると、彼はノープロブレム、子供でも乗れると保証した。河原の近くの牧場の柵の外から鋭く口笛を吹き鳴らすと、すぐ馬子がポニーを二頭連れて現れる。実に連絡が行き届いているところをみると毎度のことなのだろう。

ポニーに乗る筆者と夫。またがると意外に大きく怖い

馬子は日に焼けたのか汚れているのか区別がつかないような黒い顔をして、この地方独特の裾の長いオーバーを着ている。私たちを引き渡し、落ち合う時間を決めるとガイドはさっさとどこかへ消えてしまった。なんとなく心細い。

ポニーは小さくて足が地につくくらいかと思っていたのに案外大きい。首の付け根から百四十七センチ以下がポニーとか。バッグとカメラをたすきがけにして、小さい方に乗ろうと近寄るといきなりブルンと鼻をならし足踏みをした。いやーな感じがする。アブミに足を掛けると馬子が私を押し上げて乗せた。

鞍は幅が狭くて堅いので、まるでブロック塀にまたがったような感じがする。馬子が手綱を渡してくれたのをそのまま持っていると、少し緩めてと言われた。それでちょっと緩めたとたん、ポニーが歩き始め、片足がアブミから外れた。きゃーと悲鳴をあげると馬子がすっ飛んできて、

「ハイ、チャイナ」

と首をぴしゃぴしゃ叩いてなだめたが、乗り手を侮ってなかなか言うことを聞かない。道の端へ寄り河原の方へ首を伸ばすので、からだ全体が滑り落ちそうだ。あとで聞いたら端に寄るのは馬の習性だそうだが、こちらにしてみれば振り落とされるのではないかとひやひやしてしまう。

夫はうまく乗れたらしく大丈夫かとそばに寄ってきた。

「手綱をそろえて引けば止まるよ。向かせたい方の綱を引っ張るとそちらへ行くんだ。腿で胴体を挟むようにすると体が安定する」

と教えてくれたので試してみたらうまくいって一安心。

ところが二頭並んで行こうとすると、どうしても私のポニーは先に出たがる。勝気な馬らしく少しずつ足を速め、とうとうギャロップになってしまった。鞍の前部にしがみついて、

「助けてえ。落ちるう」

叫んでいると、かなり遅れた馬子が走りながら、

「ノープロブレム、ノープロブレム」

と歌うように言っている。素晴らしいテノールで山からこだまが返ってきた。問題は大有りなのよ、落ちたらどうしてくれるのよと心の中で憤慨しているうちに、そうだ、手綱を引けばいいんだと思い出した。

ポニーは止まった。馬子が追いついて私を見上げ、もう一度ノープロブレムと言って笑った。真っ白な歯が覗き、いい笑顔だ。気を取り直してよく見るとなかなか男前で、きりっとした顔をしているのに気がついた。

結局二時間ほどポニーライドを楽しみ、ガイドとともに帰途についた。山道を少し下ってくると針葉樹が減り青い空をバックに紅葉がきれいだった。

お土産

パハールガムから帰ったときはもう真っ暗だった。例のシカラボーイの出迎えを受けてハウスボートに戻ると、オーナーが待ち構えていて、

「食事は何時にしましょう」

「おなかはすいたけど見物に忙しくて何も買えなかったの。そこに飾ってあるのは売らないんでしょう?」

「ああペーパーモシェね」

彼はちらっと時計を見上げ、では食事の前に友人の工場へ行きましょうと言う。

すぐにシカラボーイが呼ばれ、私たちはまた湖上に出た。灯のつかないハウスボートが多く、シーズンの終わりを感じさせる。岸とは反対側の細い水路に入っていくと辺りは一層暗く、裏通りといった趣である。古いハウスボートには地元の人が住んでいるようだ。

二十分ほど行くと前方に明るい建物が見えてきた。白い壁がモダンでこの辺では珍しい。ボートが接岸すると三段ばかり石段があって、中からきちんとしたなりの若い男が顔を出し、愛想よく私たちを招き入れた。

ペーパーモシェはカシミール地方の特産品で、型に紙粘土を張り付けて乾かし、漆で彩色したものである。工場といっても作業場は奥の方らしく、そこは展示場になっていた。品物が所狭しと置かれ、私たちは漆特有の匂いの中を見て歩く。

値段も見ずに買うと決めたペーパーモシェの水タバコのキセルは千ルピー、高い！

大小の華やかな柄の箱、飾り皿、壺など並んだ中で変わった形のものがあった。水タバコのキセルで、宿の食堂にも飾ってあってぜひ一つほしいと思っていたものである。

実際に使われているキセルは素焼きの壺に金属のパイプが二本付いたもので、片方の短いパイプの先にタバコを詰めて火をつけ、水の入った壺を通してもう一方のかなり長いパイプを口にくわえて吸う。トルコ帽を被った男たちが、道端にしゃがみ込んで吸っているのをあちこちで見かけた。

「タンバーコっていうものの、半分はハッシシですよ」

とガイドが話していたものである。

店のは実用にはならないが、色も模様もきれいなので一つ買うことにして、散々迷ったあげく中くらいの大きさのを選び出した。パイプの取り外しはできるが、かなりかさ張る代物である。選んでから値段を見てびっくり、千ルピー（約一万円）もする。夕食は二人で二百四十ルピーだったのにと思わず、

「わあ、高いんだ。どうするの？」

と大声で言ってしまった。しかし夫は買いたいものはたいてい買う。他に飾り皿も欲しいと一枚見つけてきた。直径三十センチほどの黒い皿に金箔でチナールの木の葉の模様がびっしり描いてある。チナールとはカエデの一種で、この州の木になっているそうだ。ガイドブックには値切るべしと書いてあったが、この店はなかなかまけなかった。最後に宿のオーナーの顔で、

「本当は絶対まけないが、閉店間際だから特別イブニングプライス」

と恩着せがましく一割引いてくれた。

店の出口のところで朝市で見かけた携帯火鉢の飾り物を見つけたが、なんと七百ルピー。夫が欲しそうに手を出すと、

「それは高すぎる。明日市場で実用品を買ってあげるよ」

宿の人が声をひそめてささやいた。値切ったのが気に入らないのか店の人は送りにも来なかった。

私たちはもう一軒木彫りの店に寄ることになり、湖岸に向かった。ハウスボートの群れ

から離れ、何もない開けた水面には私たちのシカラが一つだけすべっていく。櫂の音もほとんど聞こえず、高い山に囲まれて浮世から切り離されたような空間はシンと静まり返っていた。

「いつ頃からハウスボートを持っているんですか」

私は尋ねてみた。

「私は今日お客さんが行ったパハールガムよりもっと奥の方の生まれなんです。あの辺は冬はカシミアを織っているんですが、うちは貧しい農家で、若い頃から町へ出て働き、一生懸命お金をためて買ったんです。これで五年目ぐらいかな」

彼は感慨深げに話し出した。五十くらいだろうか、子供が三人いると言う。七十五歳の父親は働いていないが、母と妻はカシミアの工場で、兄弟はカーペット会社に勤めているとか。彼のハウスボートは二万五千ドルもしたそうだから、一族が力を合わせたにしても大変な金額だ。

木彫りの店には欲しいものがなくて帰途についた。湖上を宿に向かうとどこかで男性が歌う声が聞こえてくる。私たちは黙ってその声がどこまでも響き渡っていくのに耳を傾けていた。

翌朝、彼は忘れずに火鉢を手に入れてくれた。市場が休みで、わざわざ知り合いに分けてもらったという。わずか五十五ルピーだがとてもしっかりした出来で、やはり実用品は違う。土地の言葉でなんとか言ったが聞き取れなかったので書いてくれとノートを出した。

彼はそれを持って姿を消し、すぐ戻ってきて、

「隣の人に書いてもらったよ」

と指さした。アルファベットでＫＡＮＧＡＷとある。私は改めてこの人は苦労したんだろうなあと思った。

ムンバイを訪ねて――インド　二〇〇八・一

二〇〇七年の暮から二〇〇八年にかけてのツアーで、四十年ぶりにムンバイ（旧ボンベイ）を訪れた。最初は船で、今回は昨年九月に就航したばかりのビジネスジェットで行った。ビジネスクラス三十六席だけという物珍しさにつられたところもある。ムンバイはインド第一の商業都市で、ハイテクや医療技術の面で優れ、日印を往復するビジネスマンが多いので新設された。日本にまだ一機しかなく、ムンバイと成田を往復している。

市内観光の現地ガイドはラマさん、かなり年配の小柄な女性だが元気一杯。グリーンのプリントのサリーのウエスト辺りからお腹がはみ出しているのでつい眺めてしまった。日

差しがきついと肩に掛けた部分の布をひょいと頭に被る。日本語ガイドの草分けというふれ込みだけあって日本語がとてもうまい。

「ムンバイはアラビア海に浮かぶ島の一つに発展した街です」

へえ、そうだったの。ちっとも知らなかった。二度目といっても前はエレファンタ島とクイーンズネックレスと呼ばれる夜景の美しい海岸をドライブしただけ。今回は市内を走るので興味深い。

「あの建物見て。ずい分古いでしょ。だけどずっと入っている人、家賃を払っている限り追い出すことできないの。だから大家さん、建て直すと損だからそのままね。だけど家賃とても安いの。入っている人自分で必要なところ直して住んでるから建物いつまでたっても古いの。新しいのは家賃がものすごく高いからお金持ちでないと入れない」

バスが進むにつれて目につくものを次々に説明する。あれはジャイナ教のお寺。あれは日本のお寺、日本妙法寺。日本人の坊さん、ヒンズー語でお説教している。お寺たくさんね。上の方の立派な建物、個人で建てた病院。お金持ちの息子が癌で死んだので、早く治療法が進歩するように自分で建てたの。

「インドのお金持ちすごいよ。インド人もびっくり。私の知り合いのお金持ち、車四十台持っている。車一台に一人ずつ運転手雇ってるの。その他に家の仕事する人、庭の手入れする人、百人くらい使って大邸宅に住んでいる。私、お金ないけどいろいろ勉強してる。

日本でパチンコやったらすぐなくなったからもうやめた」

土地が非常に限られているので地価は東京より高い、それに古い建物を壊すと廃材の処理費がまたすごくかかるので建て替えはなかなか進まないよと言う。古いポルトガル風のぼろぼろの建物、ピカピカのペンシルビル、スラムが混在している。ムンバイの人口は千四百五十万、その四十パーセントがスラムに住んでいる。

スラム街は非常に広い。高い建物はなく、バスの窓から見ると一面平らで屋根に石の重しが置かれている。それでも市は安い家賃を取っているそうだ。政府でもなんとかしたいのだが治安が悪く手が出せない。麻薬取り引きも多く、取り締まりのため特別警察があって現場を見つければその場で処刑。「特別警察と聞いただけで冬でも汗出るね。しかし隊員とわかれば逆に狙われるので命がけ、それでも少しは効果がある」と話していた。

「最近は法律上カースト制度がなくなって、下の層でも勉強して上に行くことができるようになったの。だからインド人よく勉強するね。でもイスラムの人、その気がなくて子供一杯作る、いつまでたってもスラムを出られない」

ムンバイの宗教は八十一パーセントがヒンズー教、二位イスラム教、三位キリスト教、以下シーク教、ジャイナ教、仏教、拝火教（ゾロアスター教）と続く。ジャイナ教はインド独特でベジタリアンである。そういえばレストランには必ずその人たち向きのメニューがあった。

金持ちが個人で建てたという病院

「拝火教を信じるパーシー族は全世界で約十万人、そのうち六万人がムンバイに住んでるの。その人たちものすごいお金持ちよ。宝石商が多いの」

四十年前船で来たとき乗客にパーシー族のインド人がいて、そのときも十万人くらいしかいないと言っていた。男性の子孫しか族を継承できないので増えないのだそうだ。

彼らの葬儀は鳥葬で、丘の上の「沈黙の塔」に遺体を安置し、あとを鳥にまかせる。ところが近年ハゲワシが減り、一日で終わらないため異臭が近隣の迷惑になっているという。それでも伝統を守ろうという勢力と近代的に他の方法を考えようという一派が対立していると聞いた。因みにインドでは火葬が普通である。

ラマさんが続けた。

「次はガンジーの旧居に行きましょう」

片側二車線の大通りを暫く走ったあとバスは止まった。「ガンジーの家はそこを入ったところです」というラマさんについて交通量の多い道を横断、皆で渡れば怖くない？　ここは英国と同じ左側通行である。

狭い横道に入ってすぐこぢんまりした三階建ての家があった。彼が一九一四年から十七年間住んでいたもので、英国から独立を勝ち取る大衆運動の拠点となったところである。

玄関を入ると正面にガンジーの胸像があり左手が図書室になっていた。彼が集めた本や著書が壁全面に作られた棚といくつも置かれた本箱に整然と並んでいた。階段の壁に掛けられたたくさんの写真を見ながら二階に上がると彼が生前使っていた部屋が当時のままに保存され、写真や遺品が展示されている。

三階はジオラマの部屋だった。ガラスのケースがずらっと並び、それぞれのケースには三十センチほどの人形を配置してガンジーの生い立ち、アフリカでの生活、大衆を前に話しているシーンなどが再現してある。当時の服装や人々の表情などよくわかって興味深い。凶弾に倒れた彼の遺体が白檀の木を積み上げた上で火葬にされるジオラマが特に印象に残った。

新聞によれば、先日新たにガンジーの遺灰が見つかったので追悼行事が行われ、彼の長

ガンジーの旧居にて。玄関左手が図書室になっている

3階に展示してあるジオラマ。人形は精巧な作り

男の孫娘の手で海に流されたという。彼が暗殺されてもう六十年、ガンジー思想の風化も言われているが、世界各地でテロの続発する現在「暴力は暴力しか生まない」と説く彼の姿勢が改めて評価されているようだ。

バスに戻り私たちは有名なムンバイの洗濯場を見にいった。駐車しているタクシーやバスの間を大勢の観光客が歩いている。洗濯場は高架道路の橋の下方にあって、欄干から見下ろすと広い広い敷地にまず白いシーツがものすごくたくさんロープに掛けられているのに驚く。あの重量をよく支えられるものだ。恐らくいくつも洗濯屋があるのだろう、シーツの干場はあちこちにあり、その間にコンクリートの四角い洗濯槽が点在している。男たちが槽の中に立って毛布のようなものを枠に叩きつけて洗っていた。ズボンなどもロープに吊るしてあり、見渡す限り屋根の上まで洗濯物が広げて干してある。水が汚れたような色をしているので、ホテルのタオルもここで洗濯されるのかとぎょっとしたが、ホテルなどは専用の洗濯場を持っていると聞いてちょっとほっとする。ムンバイ一の見どころとも言われているのに、ここはガイドブックには載っていない。最下層の人々が働いているとか。

その横は駅で絶え間なく列車が入ってくる。市内に入る唯一の交通手段だそうで、ドアのところに人が何人もぶら下がっている。日本の戦後すぐの列車のようだ。

最下層の人々が働くという洗濯場。インド社会の表裏を見る思いがする

「郊外から毎日六百万人の人が列車で通ってくるから列車とても混んでるの。あまりひどいので考えて今、時差通勤にした。学校、会社、公務員と分けて出かけるよ。少しは良くなったけどその代わりラッシュの時間八時半から十一時半。ものすごい混み方だから朝磨いた靴を履いて出ても列車を降りたら色変わってる」

線路のある土地が低いのでこの前大雨で列車が動けなくなった。それで働く人が来られなくてムンバイの生活が止まったという。一日と七日は給料日だからスリの盛んな日、スリはこの日だけ働いてあとは遊んで暮らす、楽ねえなどと話すので退屈しない。

バスで市内を走っているとラマさんは目につく物を手当たり次第に説明する。

「広場の隅に建物見えますね、あれは結婚式場。今花の飾りつけしてるでしょ、金持ちの人お客さんを三千人から五千人くらい招ぶの。あれは競馬場。お金持ち、もっとお金欲しくて競馬やる。貧乏人、金持ちになりたくてやる。でもどちらも損する。金持ちになるのは競馬場の持主だけ」

海の中にモスクがある。バリ・アリ・モスクといって、潮が引いたときだけそばに行ける。ある聖者がメッカを訪ねる途中で死んだがその棺が流れ着いた場所だそうで、彼を偲んで建てられたとのこと。この場所でその聖者が溺死したという説もあるそうで、よくわからない話だ。壮大なモスクには引潮になると参詣の人が列をなして歩いているのが海沿いの道からもよく見えた。

エローラの石窟寺院群——インド　二〇〇八・一

世界遺産のエローラの遺跡は、インドのムンバイから約一時間東へ飛んだアウランガーバードの近くにある。アウランガーバードはエローラの石窟寺院群観光の拠点となっている町で、バスで一時間ほど走ると、デカン高原の西のはずれに位置する遺跡に到達する。デカン高原は緩やかな丘陵地で、大きな森はなく、無花果やマンゴーなどたくさんの果物

第十窟（仏教）

が栽培されていた。綿織物も盛んだとのこと。

二〇〇八年一月、夫と私はエローラに行くツアーに参加した。バスで遺跡に着くと、正月休みなので、インド人の観光客がもう大勢詰めかけていた。色とりどりのサリーが集まって華やかだ。駐車場の遥か彼方に岩山が続いているのが見える。

近づいてみると、全部で三十四ある石窟が古い順に一列に並んでいた。六世紀から七世紀にかけて彫られた、第一から十二窟までが佛教の石窟、八世紀からの第十三から二十九窟までがヒンズー教関係、最後の五窟がジャイナ教のものである。観光客は目ぼしいところに立ち寄って見物しては、石窟の前の広い道をぞろぞろ移動していく。外国人と見ると物売りがさっと寄ってくるのはどこの観光地も同じだ。

「お土産にネックレスどう?」

「ノー、ノー」と私たちは手を振る。彼らは一度くらいでは諦めない。日本語で、

「見るだけただ。安いよ」

「もう、持ってる」

「高い? ディスカウントね」

いらないと言ってもしつこいので無視すると、物売りが後ろで「じゃあ、あとで」とか「いらない、買わない」「ただでもいらない」と聞こえよがしに言っている。「ただでもいらない」には笑ってしまった。日本人がよほど多いのだろう。石窟の中は禁止されているらしく、彼らは入ってこない。

最初に入った石窟は仏教の寺で、洞窟のように岩山を削った奥に柱が何本も彫られ、石の仏像がいくつも並んでいる。脇に小部屋があったので覗いてみると、修行僧のための僧坊で、ベッドは石でできていた。昔の人はよく耐えたものだ。

照明が全くないので奥の方は暗くてはっきり見えない。撮影用のレフ板を持ったインド人が入口にたむろしているので何かと思ったら、レフ板で光を反射させて中までよく見えるようにしてくれる珍しい商売だった。誰かが頼んだので見ていると、確かに奥の方まで光が届く。料金は聞かなかったが、一ドルくらいなものだろう。

完成してから1000年も経つと、ところどころに欠けた部分も

たくさん並んだ石窟の中でも二階、三階があるものはやはり立派である。たくさんの柱がベランダを支え、階段を上がっていくと、広々とした空間の奥にも両側にもたくさんの仏像が彫ってある。仏教関係のものは造りがよく似ていた。

少し休憩したあと、私たちは第十六窟の前に集まった。

「これがエローラ遺跡のハイライト、カイラーサナータ寺院です。石工が鑿をふるって彫りあげたもので、完成まで一世紀以上かかりました」

「えーっ、そうやって造ったなんて全然知らなかった」

ガイドの言葉に私は驚いて寺院を見上げた。

この寺は他の石窟に比べると群を抜いて

大きい。面積は東京のニコライ堂を一列に四つ並べたくらい、一番高い塔の部分は三十三メートルというから、八階建てのビルほどの高さとなる。しかも岩山の中に向かって彫り込んだものではなく、山から完全に切り離されている。

この寺の写真を初めて見たとき、私は大昔、石を積み上げて造った建物が埋もれていたのを、発掘したのだと思っていた。インドネシアのボロブドールにしても、カンボジアのアンコール・ワットにしても、長い間熱帯雨林にすっぽり覆い隠されていたし、他にも後世になって掘り出された例が多いからである。

寺院が丸ごと岩山から彫り出されたなんて考えもしなかったが、事実は建造物というより、お寺全体が岩を刻んで造られた、想像を絶する巨大な彫刻なのであった。

石材から彫像を彫りあげていくように、まず寺をどのような形にするか考え、プランに必要な岩の塊を岩山から切り離す。その塊から更に楼門、小さな塔の部分を切り分け、残りを前殿とか本殿に充てた。

建物の区割りを決めたら外部の装飾を施し、ついで内部の工事を進めたのだろう。七五六年着工から完成まで百年以上かかったというが当然である。

王朝の強大な権力を背景に建造に着手したものの、当時のインド人の平均寿命は三十歳程度だったから、何世代にも亘った大事業だった。その長い間、最初のプランがよく引き継がれたものだと感心する。

寺院群の中でも最大級、高さ33メートルもあるカイラーサナータ寺院

カイラーサナータ寺院はヒンズー教の寺で、主にシバ神を祭っている。

二層になった立派な楼門を抜けると、正面の壁に目を引きつけられた。大きな壁一杯に、象とライオンを両側に侍らせたラクシュミーの像が浮彫になっている。周りには至るところにヒンズー教の神々が見られた。神様たちの乗り物が面白い。ラクシュミーはフクロウ、ビシュヌーはガルーダ、シバ神は水牛に乗っている。夫は写真を撮るのに忙しい。

中へ入るとかなり暗く、現地ガイドが懐中電灯で照らすと、装飾の施された柱の並んでいるのがやっとわかる。その奥に入口が見え、進んでいくと、部屋の中央に本尊のシバ神の象徴が安置され、上に花輪が載っていた。これは現在も崇拝の対象と

カイラーサナータ寺院を作るため岩山から切り出したあと

カイラーサナータ寺院を上から眺める

なっているとのこと。脇の部屋には、前足を折り曲げてシバ神を拝む牛の石像があった。キリスト教の教会のように一つの広い会堂にはなっていない。回廊や小部屋を巡る迷路のようで、ガイドについて歩いていたらいつの間にか外へ出ていた。

外壁も平らではなく、神話や戦いの物語が、驚くばかりに細かく浮彫になっている。

反対側の基壇の上に大きな象の群れが彫られていた。建物の上階を支えているように見えるのは、「宇宙を支えている」のだそうだ。

後ろに回ると、残りの岩山が屏風のように寺院を囲っていた。

「ほら、岩壁に鑿の跡がはっきり残っている。本当に刻んで造ったんだ。すごい根気仕事だね」と夫。

「外壁にへばりついてひたすら鑿で刻んでいくなんて気が遠くなりそう。私だったら要るところをうっかり削り落としたりしちゃって、大変。それにしても浮彫、透かし彫のできる石工がよく集められたものね。インドだってその頃は今ほど人口が多くなかったでしょうに」

刻み目を眺めていたら、一世紀以上絶えることなく響いていた鑿の音が聞こえるような気がした。

楼門へ戻り、脇の道から裏山へ登ってみる。かなりの急斜面を行くにつれ、外壁の浮彫が目と同じ高さになって、細かいところまではっきり見えた。頂上からは本殿の塔が見下ろせる。中にシバ神の象徴が安置されていたところだ。ドーム状の屋根を持ち、何層もの段飾りのついた塔の、隙間という隙間に浮彫が施されている。

屋上には象とライオンの石像が二頭ずつ、四方を向いて足を踏ん張っていた。外敵から寺を守っているようだ。ライオンは力、象は知恵の象徴だそうで、建物の随所に彫られていた。

完成してから千年以上、石像もところどころ欠けてはいるが、人の手で彫りあげた恐らく地上最大ともいえる「彫刻作品」を、私たちは黙って眺め入っていた。

インドの年越し――インド　二〇〇八・一

年末年始のツアーでインドを訪れた私たちは二〇〇七年の大晦日をインドのアウランガーバードで過ごしていた。アウランガーバードはデカン高原の北部、ムンバイから飛行機で一時間ほど飛んだところにある緑の多いのどかな感じの町である。近くにエローラとアジャンタの石窟寺院群がある。

朝からエローラの石窟を見物してホテルに夕方戻ったら、大勢の人がホールで働いていた。年越しパーティの準備だそうだ。

いったん部屋に戻ったが、パーティまで時間があるというので希望者だけでサリーの店に出かけた。店の壁いっぱいに作られた棚にサリーの生地が重ねてあり、色も柄もたくさん種類があって思わず手に取りたくなる。

ツアー仲間のSさんがパーティに着ようかなと選んでいるのを眺めていたら、添乗員が私も着てみたらという。

「買う気ないんだけど」

「構いません。サリー体験をさせてもらうよう店と話してありますから」

Sさんは薄い黄色地に花模様の入った生地を選んでいる。私はボタン色で片側が二十センチほどのグリーン系のボーダー柄になっているのを選んだ。少し厚手でタフタのような感じである。

　生地は大体長さ六メートル、上等の物は柄を合わせてブラウスを作れるように余分に織られている。値段は模様が複雑なほど高い。

　生地を選ぶと店の女の人が着せてくれた。まず白い太い紐を持ってきてウエストに巻きつけてきちっと縛る。それから長い布の肩に掛ける分を決める。帯を締めるとき先に手の長さを決めるのと同じ要領なのが面白い。次にウエストの紐にもう片方の端を挟み、体を一巻きしてから余った分を十センチ幅くらいに折り畳む。そのあと襞を崩さないように紐に挟み込んで形を整え、先によけておいた部分を肩に掛ける。おでこに赤い印、ビンディを貼り付けてお終い。記念撮影をしてサリーを返した。着付けは簡単、誰にも合うサイズ、小さく畳めるなど非常に合理的なものとは思ったが買う気はしなかった。

　ホテルに戻ると会場の入口がきれいに飾りつけられていた。中に入ろうとしたら、すみません、まだ準備中と言われ出直す。だいたい日本人の夕食時間設定は早過ぎる。

　改めて行ってみるとホールにはたくさんテーブルが並べられていた。天気がいいのでホールに続く屋上にも真っ白なクロスのかかったテーブルが所狭しと設えてある。どのテーブルにも三角帽子とか仮面、クラッカーや吹き戻し（巻笛ともいう。口で吹くと筒が伸びビーッと音がして戻るもの）などのおもちゃが置いてある。色とりどりの粒が撒かれ

サリーを試着して「ナマステ」

インドの子供たちと。とても人懐こくて可愛い

ているのであられかと思ったらプラスチックの飾りだった。華やかでいかにもお祭りらしい雰囲気だ。

結局料理の用意ができたのは九時ごろ、カウンターがきれいに飾りつけられて、保温のきく器がずらっと並んでいる。いろいろな種類のカレー、ヌードルに白いロンググレインのごはんなど。他にも何かわからないものがたくさんあったが、タンドリーチキンとチャパティが一番口に合った。

その頃になるとちょっとめかし込んだ家族連れが続々とやってきて満席となった。日本人は私たちグループだけ、テラスの端の席で飲み放題のアルコールで盛り上がる。

Sさんはサリーを着て現れた。背が高くスタイルがいいのでよく似合う。さっきの店で買ったのと聞いたらレンタルとのこと。薄い色なのでペチコートもつけてくれたという。やはり一人では着られずホテルの女性に手伝ってもらったそうだ。

彼女は独身のキャリアウーマンで四十代半ばだが二月に幼馴染の男性と結婚するという。

「田舎だけど彼が家を建ててくれるというので決心がついたの。それでもなければ東京で若い子と遊んでる方が楽しいもの」

最後の一人旅のせいかピッチを上げて飲んですっかり出来上がってしまった。

午前零時、時報とともに打ち上げ花火がどーんと上がる。ほとんどの人が立ち上がり、お互いに新年おめでとうと言い合った。その雑踏の中から小学生くらいの子供が私たちに近づき、「ハッピー・ニュー・イヤー」と手を出したのでびっくりした。その子を皮きりに次々に男の子や女の子がやってきて新年の挨拶をした。とても可愛い。早速写真も撮らせてもらいインドの風習を楽しんだ。

そのあと夫と私はダンスの部屋を覗きに行った。サンバか何かビートの効いた曲が絶え間なく大音響で演奏され、手や足を音に合わせて動かしているだけのダンスでちょっとがっかりした。それでも真似して踊っていると男の子が寄ってきて何か言っている。脇へ寄ってよく聞いてみたら日本のコインを欲しいというので十円玉をプレゼントすると向こうで親らしいのが有難うというジェスチャーをしていた。ツアーでは珍しく、現地の人とちょっぴり交流ができたかなと嬉しい気持ちになった。

インドのカゴかき

インド　二〇〇八・一

正月休みにインドのムンバイ（旧ボンベイ）を訪ねた。お目当てはその周辺のエレファンタ島とアジャンタの石窟群である。

エレファンタ島はムンバイのインド門から船で約一時間、船の中でガイドが、

「エレファンタ島とアジャンタにはカゴがあります。こちらは短距離ですが石段がきついかな。カゴに乗りたい方？」

夫と私は真っ先に手を挙げた。四十年前エレファンタ島に来たときカゴに乗った人を見たので、今度はぜひ乗ろうと来る前から決めていたのである。

インドのカゴは背もたれの高い肘掛椅子の手すりの脇に太い丸太が鉄の輪で固定してあり、四人で担ぐ。現地ガイドがカゴと言ったが、日本のものとは大分イメージが違う。

島に上陸、参道の手前にカゴが並んでいて、希望者は順次乗っていく。椅子には座布団が敷いてあって普通に坐るとすぐ四人が棒を肩に担いだ。視界がぐっと高くなる。参道は観光客で一杯だ。それなのに男どもは「サイド」と大声で叫びながら人を押しのけてかなり速く進む。

両側には屋台がぎっしり並び、象の透かし彫やサリーの生地、アクセサリーなどを売っていた。お線香のような香りが漂ってくる。

五分ほどで参道は終わり降ろされた。代金はガイドが立て替えるが往復六百ルピー、約二千円だった。

夫がちっとも来ないので待っているとやっと現れた。写真を撮りカゴを降りる。

「カゴかきの一人が小柄な年寄りで、しかも後ろを担いだから途中でへばってさ。前に回ったけどやっぱり無理で、上から下りてきた他のカゴかきと代わってやっと着いたんだ

エレファンタ島のカゴ。人混みを押しのけてかなりのスピードで進む

修復されたヒンズーの神々（エレファンタ島）

よ」

ヒンズーの神々を彫り込んだ石窟はすっかり修復され、池の周りは以前来たときはなかった金網で囲まれていた。そういえば四十年前この辺りで夫が滑って転倒したことを鮮明に思い出す。


翌日、私たちはアジャンタの遺跡を訪ねた。アジャンタとは人がいないという意味で、人里離れた渓谷の断崖の中腹の岩をくりぬいて造られた仏教寺院群である。あまり奥地にあるので十九世紀になってやっと発見された。

ここは坂が緩いと聞いていたので歩いていくつもりだったが、先を行く人を見るとかなり高いところまで登っている。やっぱりカゴにしようとガイドに交渉させた。

私たちが椅子に坐るや否や、カゴかきはいきなり走り出した。かなりの上り坂なのでこちらの方がびっくりする。観光客が見物する石窟は決まっているらしく、第一の場所でここだよと降ろされた。

寺院なので中へ入るのに靴を脱ぐ。壁や天井に描かれた仏画が素晴らしいので世界遺産に指定された。青い顔料はイスラムのもので、あとは現地産だそうだ。ここはフラッシュ禁止なので懐中電灯を持っていったら、現地のガイドが忘れてきたから私のを貸せという。職業意識ゼロ。

“人がいない”という意味のアジャンタの遺跡も、今は観光客でいっぱい

インドのカゴは木製の椅子に丸太を通したシンプルなもの

外へ出たらカゴが待っていた。指定された石窟の中を見物してはカゴに乗る。見物中、カゴは外で待っている。私は順調に運んでもらったが、夫のカゴかきは待ち時間の間に別の客をとっていたらしく、夫はかなり待たされた。

最後の部分は特に傾斜がきつく幅の狭い石段をたったと上り下りし、そのたびにぐるっと回って前後が入れ替わる。すると私は後ろ向きになるわけでいささか怖い。片側は切り立った断崖なので、振り落とされないようしっかり丸太を握っていた。ここでもカゴは一番威張って、そこのけそこのけと人を押しのけて走る。同行の人たちのそばではちょっと気が引ける。

やっと最後の石窟に着き、涅槃像を見て暫くすると夫が担がれてやってきた。二人で中を見物していると、インド人がそばを離れない。うるさいなと思っていたら、彼は夫のカゴかきでお客がわからなくならないようについていたのだった。私のカゴかきは待ってい る間に他の人を運ぶアルバイトに行っていたらしい。カゴはいなかったが、構わず歩き出したら途中で水を飲んでいる私のカゴかきを見つけ、そこから私も乗る。

そろそろ終点に近づくと一人が「暑い、暑い。この汗見て」と肌脱ぎをし、チップをくれという。

「私お金ないの。夫が皆持っているから」と断っているうちに夫に追いついてしまう。ちょうど岩陰で他に誰もいない。降りてから八人に囲まれ財布を見ると千円札が一枚だけ

残っていた。料金はガイドにもらってね、今これしかないと言うと暫くついてきたが諦めた。やれやれ。あとで夫曰く、

「カゴかきが、子供の教育もあるし、生活が苦しいのでチップをくれというから、奥さんが皆持っていて僕は文なしだ、インドじゃ男は強いのか？　日本じゃ女の方が強いからね、と言っているうちに君が追いついて困っちゃったよ」

アラビア海のリゾート、ゴアの一日――インド　二〇〇八・一

お正月休みのツアーでインドのゴアへ行った。ゴアなんて聞いたこともなかったが、アラビア海に面したリゾートでヨーロッパ人の訪れる人気のスポットだそうだ。ムンバイから南へ三百キロ、十六世紀から二十世紀半ばまでポルトガルが統治し、アジア貿易とキリスト教布教の拠点として一時は繁栄を極めていたところである。

インドの国内便はいつも遅れる。この日もムンバイの空港で大幅に待たされ、ゴアに着いた時はもう夕方だった。空港入口に自動小銃を持った兵隊が立っている。

バスに乗り換えてホテルへ。町の近くでは道の両側に屋台が並び犬やトラの大きなぬいぐるみを売っていたが、その後は家も人も見えない原生林で、茂みの中からにょきにょき

とヤシの木が飛び出しているだけだった。

やっとホテルに着くと外はすっかり暗くなっていたが中は明るく、壁には大きな帆船の絵が描かれている。クリスマスの飾りには大きな貝があしらわれ、それまで見てきたインドとは全く違う雰囲気だった。歓迎のジュースはグアバ、貝殻のネックレスを首に掛けてもらう。

翌朝、窓を開けるとヤシの並木の向こうに弓形に続くベージュ色の砂浜と青い海が目に飛び込んできた。波の音がすぐそばに聞こえる。プライベートビーチなのか白人が数人散歩をしているのが見えた。プールサイドには真っ白なデッキチェアが並べられ、従業員が夜露を拭いて客の日光浴の準備をしている。

朝食後オールドゴアに出かける。植民地時代の首都で、世界遺産の教会と修道院がある。川沿いのポルトガル人が造った道を行くと、サルタンの古い住居跡があった。赤い瓦屋根、格子のはまった窓がポルトガル風だ。家だけでなくポルトガル語を話す住民がまだ五万人ほど残っているとか。

オールドゴアに着くと広々と開けた敷地に教会が三棟建っていた。

右手のボン・ジェズ教会はレンガ造りで、古色蒼然。中に入るともうたくさんの観光客で溢れていた。十六世紀に建てられたこの教会の祭壇の脇には三百キロの純金の柩が飾られている。「警備員もいないけど盗られないのかしら」と言うと「本物じゃないかも」と夫。

ゴアの教会や修道院は世界遺産に認定されている

黄金の砂浜と呼ばれる浜辺が 7 キロも続くカラングート・ビーチ

ガイドがいろいろ説明をするが英語なのでわかりにくい。なんでもドイツから贈られた銀の柩には聖フランシスコ・ザビエルの遺体が納められているそうだ。彼は日本で布教した帰りマレーシアで病死、ミイラ化した遺体がのちにゴアに運ばれた。十年に一度向かい側のカテドラルで公開される。右腕は三つに分けられ一つはローマ、もう一つはマカオに、もう一つは日本にあるとガイドが話していた。ミイラの等身大の写真が掛けてあった。

向かい側のカテドラルは真っ白でとてもきれいだが右側の鐘楼が壊れている。かつてインドとの攻防が行われた名残だろうか。これは裕福だったポルトガル王が寄進したものである。

カテドラルの中に入ると正面の高い天井まである金のパネルが豪華で驚いた。パネルに施された浮彫は王妃だった聖キャサリンの生涯を描いたものである。ガイドによれば彼女はとても賢く、王は議論するといつも彼女に言い負かされていた。悔しがった彼は口実を設けて王妃を殺してしまったのだが、彼女は皆に慕われていたので逆に彼は追放された。

隣の教会はアッシジ教会を摸して造られたもので博物館になっている。ガラスの代わりにカキの貝殻を薄く削って使ったので窓が白く見える。

いったんホテルに戻り昼食。いくら種類が多くてもカレーには飽きた。現地並みの辛いのは口に入れた瞬間は美味しく感じるが、じわじわと辛味が広がってもう耐えられない。それが好きという仲間がいて呆れる。

午後は近くのカラングート・ビーチへ。「黄金の砂浜」と呼ばれるビーチが七キロも続く。真昼の太陽を受けて文字通り黄金に輝いてとても眩しい。一番人気があるビーチだそうで大勢の人が浜を埋めていた。当然ながらほとんどインド人だ。サリーのまま砂の上に腰を下ろしたり、お喋りしたり、泳いでいる人より波打ち際をただ歩いている人の方が多い。ホテルのプライベートビーチとは全く雰囲気が違う。焼きトウモロコシの屋台、ぎっしり軒を連ねたお土産屋、海の観光地らしく賑わっていた。スリが多いから警戒するように言われる。

ムンバイから始まった今回のインド旅行も今日限り、夕食はプールサイドでバーベキュー。ビールで乾杯し鉄板の上でジュージュー音を立てる海老や魚を美味しく堪能した。月が昇りヤシの木がシルエットになって見える。三十度近くあるが風が爽やかで、ほろ酔い気分の和やかな雰囲気の中でインド最後の夜は更けていった。

バリ島にて――インドネシア　一九八七・九

初めが肝心

ここはバリ島のブラタン湖岸、九月は乾期も終わりに近く、地面は乾ききっている。夫と私はこれから念願のドリアンの試食をしようと車を降りた。

ドリアンはラグビーボールを小型にして、表皮にびっしり太いトゲを植えたような果物である。まるで怪獣の背中みたいだ。途中、ジャカルタへ寄ったとき、在住の友人から「ドリアンは確かに果物の王様と言われるほどの美味である」と聞かされ、食べるのを楽しみにバリへ来た。ところがどこのホテルにもレストランにも置いてない。悪名高い強烈な匂いの故に持ち込みさえお断りという。

道端でも売っているというのに口に入らず、夫の食べてみたい病が日毎に募った四日目、私たちはタクシーで島見物に出かけ、そこで運転手に相談してみた。

「ドリアン食べてみたいんだけど」

「あれは美味しいけど匂いがねぇ」

と彼は初め全然乗ってこなかったが、夫が本気だとわかると、

「じゃあ良いのを選んであげますから、外で食べてください」

と言う。前に客が車に持ち込んで三日ばかり匂いが抜けず、他の客に文句を言われて大変だったそうだ。

湖の近くの果物市場で、店の人が渡したドリアンに鼻を近づけ、慎重に品定めをした彼はうなずいた。約百五十円。因みに銀座の有名な果物屋では、たまに入荷しても一個二万円とか。

強烈な匂いで悪名高いドリアン。トゲトゲの外皮の中身は黄色い果肉

持ち込み禁止のホテルを避けて屋外で一口。「うまい！」

車のトランクに入れ湖岸まで来ると、彼はドリアンを小脇に抱え、平らに落とした切口を見せた。既に縦に自然の筋目が入っていて、強く押すと一切れずつはずれる。手に取ると硬い外皮のトゲトゲが痛い。

櫛型の一切れに黄色の塊が四つ入っていた。コレラが風邪なみに扱われるこの国では、「人が触った物は食うな」といつもはやかましい夫が早速食べてみた。「うまい」という。私も一つ指でつまんで皮からはがす。カスタードクリームが乾いたような表面が破れて、黄色のベトベトが指についた。恐るおそる齧ってみた。非常に柔らかい。

ふーん、こういう味か、悪くないなとまた一口、甘くねっとりとしてお菓子を食べているようだ。匂いは全く気にならなかった。案内書には温かいアイスクリームのような味と書いてある。たて続けに三つ食べたところで止められた。食べすぎると眠れないそうだ。残りは近くにいた人たちに進呈、洗った指は二日ほど匂っていた。

第一印象は何事によらず大切だが、ドリアンを食べるときは特に初めが肝心である。熟して美味しいのに当たったおかげで、私たちはすっかりドリアン党になった。

帰途ジャカルタの友人に報告。彼女曰く、

「あなた東南アジア向きねェ、ドリアン好きだなんて。たいていの場合、美味しいと思う方がどうかしてるって言われるんだから」

学習

腰から背中にかけてポンポンと軽く叩かれたような感じがして、あっと思ったときには私の麦ワラ帽は子猿と一緒に木を登っていた。

夫についてバリ島のサンゲェ寺院の門を入ってすぐのことである。乾期も終わりに近く、土埃が立つほど乾ききっているのに、境内のナツメッグの林はよく茂っていた。かなり高い木の葉かげに子猿はもう隠れてしまい、帽子だけが動いていくように見える。

騒ぎに気づいた夫と見上げていると、

「ピーナッツ持ってますね」

と突然声をかけられた。門を入ったときからそれとなくついて歩いていた自称ガイドである。前日他の場所でこの手のガイドに法外な料金をとられたので用心していたのだが、今回は助けてもらう。門前でピーナッツを売りつけられたことも先刻御承知だったらしい。

バッグから出して袋ごと渡すと、彼は木の下へ駆けていき、殻つきのピーナッツを高くかかげて振り回した。交渉成立。こちらの目にはちょっと葉が揺れたと思うほどの間に殻は消え、帽子がヒラヒラと舞い落ちてきた。

ガイドの態度が急に大きくなり、拾った帽子を手に先に立って参道を進む。片側が林、石畳の道をはさんで反対側が少し広くなっていて、雑な造りの土産物屋がいくつか並んでいた。小さい子供たちが、貝のネックレスを十本ばかり腕に掛け、オミヤゲ、ヤスイヨ、センエンと口ぐちに叫びながら群がってくる。こちらはいらないと手を振ればすむのだが、困るのは猿の方である。

薄い茶色で、尻尾の長い種類がいつの頃からか住みつき、宗教上の理由でつかまえないのをよいことにどんどん数が増えてしまった。今では寺よりも猿の林として有名なのだそうだ。大きいのは一匹でいるが、たいてい二、三匹ずつたむろしていて、隙さえあれば人に跳びのって、めがねやネックレス、イヤリングなどを狙う。代わりに餌をせしめて一匹が味をしめると、猿なりに学習するのであろう。観光客はオチオチ歩いていられなくなった。

夫はめがねをはずすように忠告されたが、それでは何も見えなくなってしまう。そこでハンカチで鉢巻をして、耳のところでつるをしっかり押さえ、帽子を深く被ってガードした。カメラにも手を出しにきたが重くて持てなかったらしい。

ガイドは手に石ころを隠し持ち、巧みに彼らを威嚇している。少し先で悲鳴が上がった。白人の背に猿が齧りついている。すかさず夫がカメラに収めるのを見てガイド氏、肩に乗せて写真を撮りたいかと尋ねた。

我が意を得たりという顔つきの夫。ガイドが手の石を隠し、またピーナッツを取り出す。間髪を入れず中ぐらいのが一匹、私の肩に跳び上がった。助けてーと思わず大声を出

子猿の手のひらは柔らかくて冷たい

大型になると少々凶暴だ

して首をすくめると、猿は頭にしがみつく。

「手を開いて上向きにしなさい」とガイドが言った。無抵抗の合図である。逆らってひっかかれ、血だらけになった人がいたそうだ。猿によく見えるように腕を前につき出すと、ガイドがピーナッツを載せた。肩から忽ち手がのびて、耳の横でパリパリ、クチャクチャと食べ始める。黒く盛り上がった手のひらが首すじに触ると、柔らかくて冷たい。慣れてくると、少々くすぐったいだけで平気なものだ。もう結構というときはしゃがむ。肩のお猿さまは悠々と下りていった。

悲鳴を上げているのに何枚も私を写していた夫が、今度は自分も撮られたいという。流石にめがねをはずし、ポロシャツのふところにしっかりしまって、あの大きいのがいいと指さす。ガイド氏、あれは狂暴だからと餌を投げて遠ざけ、手頃なのを二匹跳びつかせた。この辺になると、ガイドと共謀しているのではないかという気がしてくる。

参詣はそこそこに、自称ガイドにも仕方なくチップを払って退散。どこもかしこも、黄色っぽい猿の手形だらけになって大変だった。

タクシーのところへ戻ると、林のはずれに人だかりがしている。木がゆさゆさ揺れて、人間が下りてきた。猿と木登りして勝ち目があったのかしら。運転手が夫に話している。

「ドイツのツアーの一人がめがねを取られたんですよ。ピーナッツやバナナでは見向きもしないので、木に登ってめがねとゆで卵を取りかえましたが、もう壊れていたそうです」

贅沢にすぐ慣れ、値をつり上げたりするのは人間ばかりではないらしい。

バリ島にて

寺尾壽夫

バリ島での学会の折、猿の寺を訪ねた。本当はサンゲェ寺院というのだが、ヒンズー教では猿が神聖視されていて捕獲できず、数百匹に増えた今では、猿の寺という方が通りが良いそうである。

寺院の門を入ると石畳の参道には、薄茶色の尻尾の長い猿が二、三匹ずつたむろしていて、その数の多さに一瞬ひるんでしまう。すかさず自称ガイドが、

「めがねははずした方がいいですよ」

と寄ってきた。

私はめがねを取ると「見ザル」になってしまうので、ハンカチで鉢巻きをして、耳のところでツルをしっかり押さえ、上から帽子を深く被った。

前を歩いていた妻が、あっと叫んで頭を押さえる。見ると、子猿が帽子を取り、木に飛びついたところであった。姿は忽ち葉かげに隠れ、ムギワラ帽だけが木を登っていく。

ガイドが木の下に駆け寄り、ピーナッツを高々とさし上げた。帽子がヒラリと宙を

舞うのと同時にピーナッツは消えていた。

最初は、猿が面白半分に観光客のめがねや帽子を取ったらしい。人間が慌てて餌で釣ってそれを取り戻したのですっかり味をしめ、他の連中もそれを見習って、手当たり次第持ち物を狙うようになったのだという。

ガイドが先に立って案内をした。石ころを手に隠し持って、巧みに猿を牽制したり、肩に乗せて写真を撮りたいと言えば、さっと手ごろなのを呼び（？）寄せる。まるで猿回しだ。猿に抵抗して大怪我をした人もあるというので、寺院だけでなく、ガイドへの寄進もそれ相当にした。

外へ出ると、ブーゲンビリアの花叢が熱帯の太陽を浴びて燃え上がり、乾期の終わりを告げるのか、入道雲がナツメッグの林の上に連なっていた。駐車場の脇の林のところに人だかりがしている。バスの運転手が話していた。

「ドイツ人のツアーの一人がめがねをやられましてね。ピーナッツじゃいやというんで、バナナをやったらそれも受け取らないんですよ。今、ゆで卵でやっと交換に応じたんですが、もうフレームが折れていたそうです」

ヒトとサルとのかけひきはサルが一枚上手のようだった。

アンコール・ワット　象のタクシー　――カンボジア　二〇〇二・二

アンコール・ワットのすぐ近くの小山、プノン・バケンには、夕方近くなると、頂上から日没を眺めようと人々が大勢集まってくる。アンコール・ワットの仏塔が夕陽に染まるのが美しいと聞いて、夫と私はガイドに連れられて麓にやってきた。

ガイドのギメアさんは日本語のガイドを始めたばかりの若い女の子で、多少言葉はたどたどしいが一生懸命なのが可愛い。そばにココナッツの実を十個ばかり自転車のハンドルや荷台にぶら下げて売っている男がいた。注文すると鉈で削ってストローをさして飲みやすいようにしてくれる。二月といってもカンボジアはとても暑いのでよく売れるようだ。

頂上に登るには男坂と女坂とでも言おうか、自然の階段をまっすぐ登る急な道と、山腹を迂回してゆるゆる行く道がある。別れ道の少し広くなっているところでどちらにしようかと眺め回していると、ふた抱えもありそうな大木の地上から二メートルほどのところに、板で造ったバルコニーのようなものが取り付けられているのが目に入った。

「ギメアさん、あれなあに」

「象のステーションです。こちらの迂回路を行く象のタクシーの乗り場なんですよ。今は皆出払っているようですが」

ガイドが話していると、象が一頭、脇の木陰から姿を見せた。

「登りは一人十五ドル、下りは十ドルです。まだ日暮れまで時間もあるし、象に乗ってみますか」

象に乗れるなんて面白そう、と私たちがステーションの裏に取り付けられたはしごを上っていくと、柵の切れ目の所に象が横付けになった。

ステーションは象の背中の高さに合わせてあり、背中の四角い箱に簡単に乗り移れる。箱の前の鉄のバーをはずして腰掛けたあと、それを固定すると落ちないようになっていた。アジア象はアフリカ象と違っておとなしく背中が平らなので観光タクシーとして使われている。

象使いはまだ若い青年で、緑色のゆったりしたシャツを着ていた。耳のすぐ後ろに直接またがって、鉤のついた白い棒をもっている。

いざ出発となったが象はなかなか動こうとしない。象使いが若いのでなめているのだろうか。やっと迂回路の脇まで出たが止まってしまった。彼が足で蹴っても頑として進まず、おまけに体を左右にゆすって人を振り落とそうとしているようで怖かった。どうなるかと思っていると象は突然糞と尿を大量に放出し始めた。催していたので動かなかったのかもしれない。

象がやっとすれ違えるほどの細い土の道の両側は深い森で、注意していないと伸びた枝

象のステーション。ここから象の背中へ乗り移る

水面にくっきりと映る仏塔

で顔をはたかれる。象は道のはずれに寄って行ったり止まってみたり、明らかにいやいや歩いているように見えた。

カーブのところで男の子が二人飛び出してきた。十歳くらいだろうか、痩せて目が大きな、いかにも腕白そうな子供たちである。私たちを見上げて、

「コニチハ、トウキョウ？　オオサカ？」

と、日本語で話しかけた。東京だと答えると満足そうにニヤッと笑って象の前に回った。手に持っている木の葉は象の好物らしい。鼻の先に枝をひらひらさせると象がまじめに動き出した。二人は得意になって後ろ向きに枝を振っていたが、象が突然鼻を伸ばしてフーッと息を吹きかけたものだから跳び上がって逃げた。それでも懲りずに彼らは新しく枝を折ってきて、とうとう山頂まで誘導してくれたのであった。

終点のステーションで降りて料金を払っていると、子供たちが後ろからそっと手を出した。一ドルずつもらうとサンキューと大喜びだったが、近くにいた大人に怒られて一目散に走っていった。

そこからぐるっと回り込むと一気に眺望が開けた。うっそうと茂った樹木の向こうにトンレサップ湖が白く光り、反対側にアンコール・ワットの石積みの仏塔が見えた。この山にも、かつて寺院があったのだが今は土台だけが残っている。もう、たくさんの観光客が思い思いに遺跡に腰をかけて日没を待っている。

ほどなく太陽が地平線に沈み、夕焼けが広がるとアンコール・ワットがほんのりと紅く染まった。そして、さっきまで賑わっていた象のステーションや象たちが次第に夕闇の中に見えなくなっていった。

乳海攪拌

寺尾壽夫

長引いたカンボジアの内戦にもかかわらず、アンコール・ワットは無事だった。今では何事もなかったように観光客で賑わっている。

参道を進み石造りの寺院に入ると、回廊の壁一面にびっしり彫り込まれたレリーフに目を奪われる。ヒンズー教にまつわるいろいろな物語なのだそうだが、中でも興味深かったのは、五十メートルにわたって彫られている「乳海攪拌」のレリーフだった。

「これが一番大事な有名なレリーフです。ヒンズー教の天地創造神話の元になっているんですよ」

ガイドのギメア嬢が指さした。

「よく見てください。神の化身である大亀が海中にいて、その背中に大きな山がしっかり載っていますね。神様の兵士が山の左側に、阿修羅の兵士が右側に、それぞれ山に向かってずらっと並んでいるでしょう。神々と阿修羅が協力して、大海を掻きまぜることによって生じる不死の妙薬を手に入れようとしているところなんです」

その山には長い長い大蛇が巻きつけられていて、双方の兵士が綱引きよろしく両端を持って力いっぱい引く。すると亀と山がコマのように回転し、海水がものすごい勢いで掻き回されるというわけである。レリーフの一番下に引き綱として用いられる大蛇の予備が彫られているのも面白い。千年もの間、兵士が力いっぱい掻きまぜたものだから、海水が激しい振動で乳白色に変わり、魚も怪物も寸断され、バラバラになって散らばっている。その結果、不死の妙薬が得られたという神話だそうだ。

古来、不老不死の薬を求めて人類はなんと多くの努力をしてきたことだろう。レリーフによれば神様も同じらしい。

日本では高齢化社会を迎え、二〇〇〇年当時六十五歳以上が一六・七パーセント、百歳以上が一万人を超すとか。平均寿命がどんどん延び、介護保険もできたがまだまだ問題が多く、長く生きているのも楽ではないようだ。

老人ホームの百一歳の男性に、どうしてそんなにいつまでも元気でいられるのか秘訣を聞いたところ、

「別に何もしないのにこんなに長く生きてしまったんですよ。大して病気もしなかったし、あっと言う間だったたね。もうどうでもいいし、不老長寿の薬なんかいらない

よ」

昔、仕立屋で、今も元気なその男性はこともなげに答えた。

私の韓国 ——韓国 二〇〇二・二

近くて遠い国

飛行機が高度を下げ、ソウルの空港へ近づくと山かげから突然高層ビル群が現れた。ああやっぱり大都会だなと思って下界を眺めていると一山越すごとに同じような高層ビル群が見えてくる。テレビの気象情報で大雨の降った地方の地図の上に、ニョキニョキと突き出している降雨量を示す棒グラフを見かけるが、空から見る高層ビル群はその棒グラフそっくりの光景であった。

空港に着き、迎えのガイドに尋ねると、

「みんな集合住宅です。韓国には地震がないので高くしても大丈夫なんですよ」

車でソウル市内に入ると商業ビルの間にもマンションが林立している。道幅が広いのと町の真ん中に幅が一キロ以上ある川が流れているので息苦しさが少し救われる。昔ながらの瓦の家はほとんど見られなかった。

「こんなに集合住宅があれば、住宅事情はいいんでしょうね」

「そんなことはありません。ソウル市は約六百平方キロ、三方が山に囲まれています。そこに国民の四分の一、一千六十万人が住んでいますから住宅は大変です。ご覧のように近郊までビルがびっしり建てられていても家のない人たくさんいます。特に若い結婚したてのカップルは親の援助がなければとても家は持てませんよ」


賃貸はないのかと聞くと家賃のシステムが日本と違うという。一定額を保証金として支払うと、大家さんはそれを運用して利子を家賃としてもらい、出るとき元金を返す。以前は銀行の利息も十パーセントを超していたけれど、最近は下がって保証金の額が上がり、買うのとあまり変わらなくなってきたそうだ。

「韓国の人、家の狭いのキライね。ゆったりとしてないといやだから四人家族で最低三十坪くらいのマンションを買います。それなら居間と台所、夫婦の部屋と子供の部屋、なんとかとれるでしょ」


狭いのキライ、日本も同じ、だけど広いのはなかなか買えないのよ、地震が多いからやたらに高い建物は建てられないし、と内心思いながらガイドの話を聞いていた。彼女は続ける。

「お金持ちの人、七十坪も八十坪もあるのを買います。前に面白い話ありました。百坪もあるマンションに泥棒が入りました。そんなに広い家だと一人では掃除できませんからメイドさんが通いで来ます。そのときにうまく中に入ったのはいいのですが、あまり広くて泥棒さん迷子になったそうです。三日くらい空いた部屋に潜んでいたのですが、結局何も盗らずにベランダから逃げ出したということです。本人が言ったのですから確かでしょう」

因みに三十坪のマンションで二億ウォン、約三千万円、賃貸は二十坪以下で保証金は七百万円くらいと話していた。ついでに練馬区で言えば新築二十坪で約四千万円といったところだろう。

マンションの暖房は昔からオンドル方式でまとめて暖房するので屋上に煙突がたくさん突き出している。床に布団を敷いて寝るととても温かくて気持ちがいいそうだ。

高層住宅に住む人々は駐車場に関しては問題がない。しかし家が遠いのに公共の交通網が十分でないのと、車はステイタス・シンボルでもあるので通勤に車を使う人が多く、交通渋滞は日本の比ではない。有料道路も三人以上乗っていればただにするとか、時差出勤とかいろいろ考えてはいるらしいが有効な手立てはないようだ。

片道八車線なんて道があったが、ラッシュ時には道幅一杯に車がぎっしり詰まって壮観である。北からの進攻を予想して、万一のときは滑走路に使えるように造ったというが、これでは急場には間に合わないのではなかろうか。

車線の変更は大変で、ガイドは免許取り立ての頃両側バスに挟まれてとても怖い思いをした、少しでも隙があれば車が突っ込んでくるから旅行者はレンタカーでソウルを走ろうなどと思わない方がいい、と言っていた。

　モダンなホテルや超高層ビル、こぎれいな服装で顔つきも日本人と似た人たちが歩いていて、あまり外国に来たような気がしないが、看板の字がここはソウルだと思い出させる。漢字を使ったり、横文字を使うと韓国の独自性が薄れるからと、ハングル文字を使うように規制されているという。その意味で効果はありそうだが、我々には非常に不便だった。

　ガイドつきで観光、買物は楽だったが普通の韓国の人と交流がなく、いささか物足りない感じだ。年配の人は日本語を話すというので試してみたが、通じたのは旧宮殿の守衛だけだった。英語も通じにくいし、時差もない近さの割に遠い国であった。

韓国民俗村

　韓国民俗村というのがあるというので行ってみた。ソウルから南へ車で一時間ほど、急激な時代の変化で失われていく朝鮮時代の農村風景を後世に残そうと、各地に残る古い建物や道具を集めて一九七四年に造られたものである。

　門を入ると、ソウル近郊の近代的な高層住宅群とは全く対照的な風景だった。木が多く、古い建物を移築したらしい食堂や土産物屋が並んでいる。鮮やかなボタン色の民族衣

韓国風のトーテムポール。前に立つと大きさがわかる

装の女の人が写真を撮っているので「あ、お嫁さんだ」と喜んで見ていたら、ガイドが、着てみたいですかと笑っている。観光客に花嫁衣装を貸して写真を撮る商売だった。

乾いた白っぽい土の道が二手に分かれ、角に枕木を太くしたような韓国風のトーテムポールが十本くらい立っていた。頭の部分が帽子を被った男と女の顔になっていて、胴の部分に大きな字で天下大将軍とか地下大将軍と書いてある。歓迎の意味があるようで公園やレストランの入口でもよく見かけた。

村全体が林のようになっていて、蝉が賑やかに鳴いている。朝早めに行ったので人が少なく、カササギがすぐそばで餌をついばんでいた。カササギはカラスより少し小さめの黒い鳥で韓国の国鳥である。羽を広げると白黒のコントラストが美しい。

順路をたどって行くと昔の藁葺きの農家とか職人の家、ヤンパンと呼ばれる貴族の屋敷の反りのある瓦屋根が木立の間から見えてくる。二十三万平方メートルもあるので一回りするのに二時間ばかりかかるそうだ。

本物の牛が道端につながれていた。動物の臭いがプンとして子供の頃丹波の親戚へ遊びに行ったときのことを思い出す。あのころの日本も似たような風景だった。

藁屋根の上に赤トウガラシが一杯干してあったり、薬を扱う家では漢方に使う植物が束ねて掛けてあったりそれらしく再現してある。

脇に朝鮮ニンジンの畑があった。葉っぱが普通のニンジンとは全然違う。半日陰を好むらしく覆いがしてあった。地中の栄養をすっかり吸収してしまうのでその後十年は作物が何もできないとか。高価なわけだ。

昔風の作業着を着た人がたくさんいるので従業員かと思ったら、人気番組のロケの最中だった。待ち時間には数人ずつたむろして建物で影になったところに座り込み、細く裂いたスルメを食べていた。

一番奥に地方の士族の家があった。ガイドがこれが九十九けんの家ですと説明するので随分たくさん家を持っていると思ったら間口の話だった。昔、王様のほかはどんなにお金持ちでも家は九十九けんしかできませんでしたというが、制限されていたといっても九十九間四方だと約一万坪となるからすごい広さだ。

門の脇の赤松の葉をガイドが摘み始めた。数本をヨーグルトに混ぜてミキサーにかけて飲むと体にいいそうだ。こんなにいい葉はソウルにはないもんでと大事そうに紙に包むのを待って私たちは中に入った。

土塀の裏側に小さな部屋が並んでいて食料、農機具、輿《こし》、家畜、奉公人の部屋になっている。中心の立派な建物が主人のいるところ、廊下でつながった奥の建物に夫人と女の子たちが住む。部屋はオンドルを効かせるため小さく区切ってあって、一列に並んだ部屋の前は外廊下になっていた。片隅に置かれた壺をガイドがオマルですよと指さした。

「上等な焼き物できれいな模様のものあるのでアメリカ人がお土産に買って帰った話があるんですよ。その人はふだんは居間に飾っていたんですが、あるとき韓国人のお客があったんです。アメリカ人は考えました。何を出したら一番喜ばれるかなって。それでその壺にご飯を入れて出したそうです」

中に座っている主人とその客の学者の人形は、身分を示すため室内でも馬のしっぽの毛で編んだつばの広い黒い帽子を被っている。

裏手に昔の牢屋の建物があり囚人服を着た人形が足かせや手かせをつけられていた。首かせは一メートル以上もあり、拷問の道具などあって気持ちのいいところではないので早く逃げだそうとしたら、一番奥の独房にチマチョゴリの女の人形があるのが目に入った。

一六〇〇年代に評判だった身分違いの恋物語の主人公の春香である。キーセン（賎民）の彼女はヤンパン（貴人）の息子と恋に落ち一緒に暮らした。当時は身分を越えた恋は許されず世間がうるさいため、彼は春香を残して科挙の試験を受けると言って都へ出ていった。その留守に村へ派遣されていた官吏が彼女に横恋慕、言うことを聞かないので怒って彼女を牢屋に入れた。一方息子の方は試験に合格し、地方官吏の勤務状況をチェックする役目についた。身分を隠して故郷に戻り、官吏の事を調べていると自分の恋人がひどい目に遭っているのがわかり、余罪をことごとく調べ上げて追放したという話である。これも時代劇に登場するよくあるパターンで、何やら懐かしいような一日であった。

二度あることは

ソウルでの国際医学会終了後、夫と私は慶州に回った。

慶州はソウルから急行列車で南へ約四時間、韓国の奈良とでも言おうか、約千年の間新羅の首都が置かれていたところである。新羅なんて歴史の教科書でお目にかかって以来で、なんとなく懐かしい感じがする。多くの遺跡が点在し、屋根のない博物館と言われているそうだ。

慶州の駅にガイドが迎えに出ていた。ソウルのガイドが私たちを汽車に乗せ、こちらで別のガイドが受け取る。中では迷子になる心配がないからキセルにしようというところだろう。彼女はスーパーモデルみたいに背が高いと聞いていたからすぐわかった。苗字は金で名は銀成、将棋の駒みたいだ。ガイドになって三年とか、大学で日本語を習ってから専門学校で「命懸けで」勉強したという。ときどき妙な表現はするがよくわかるし、若くて可愛い。

車で走るとお椀を伏せたような形の古墳が至るところにある。全部で六百を超すという話だが、手入れの行き届いた芝生に覆われていてのどかな眺めである。松林と慶州の花という濃いピンクのサルスベリがよく似合っていた。

「ここはアメジストの特産地なんですよ。工場に行ってみましょうか」と金さん。

ガイドはそれが仕事だから仕方がないが必ず直売店へ客を連れていく。断るのに苦労するので気が進まないままに中に入ると案の定取り囲まれてしまった。

「アメジストは幸運の石ですからぜひ一つお持ちください。色の濃い、つやのあるものが上等なんですよ。お土産だったらこちら、自分用にはこんなのはどうでしょう」

ずらっと並んだのを見るとやはり色のいいのは高い。あまり使わないだろうと思ったが記念にほどほどの指輪を買うことにする。

カードで支払い外へ出たとたん、朝から何かもやもやと気にかかっていたことが突然はっきりして私は夫のところに駆け寄った。

「服の下にお金のチョッキ着てるわよね」

夫に尋ねる。

「いや、知らない。どっかにしまったんじゃないかと思ってた」

さあ、大変。何か重大なことを忘れていたような気がしていたが、あの薄手のチョッキをホテルに置いてきたとは！　その日に限って日本から持ってきたお金をまとめて入れておいたのである。

荷物に入れた記憶はないが念のため国立博物館の駐車場でスーツケースを開けて調べた。やはりない。

見物は後回しにしてガイドに前夜泊まったホテルへ電話してもらう。ホテルの人も日本語は話すが、込み入ったことは通じないのでガイドがいて本当に助かった。

韓国語でのやりとりは一言も聞き取れないが口調でお金があったとわかってほっとする。金さんが受話器を置いてにっこりした。

「やっぱり良いホテルに泊まるもんですね。ちゃんと保管してあるそうです」

韓国人の日本に対する反感ばかりが報道されるが実際出会った人は皆親切だった。

「今朝は早かったでしょ、だから昨日のうちにすっかり荷造りして、チョッキはテーブルの上に出しておいたんだけど。やあねえ、少し……」

あとはのみ込んで夫に言うと彼は澄まして答えた。

「アメジストの御利益だよ。そうでなきゃお金忘れたことにまだ気がつかなかっただろ

釜山にて。展望タワーよりの眺め

う。買ってよかったね」

ソウルのガイドがホテルに取りに行き、それをこちらに送れば明日の夕方には手に入るということで一件落着。韓国人が正直で親切なのに感激した。

ソウルに着いた日、天気予報に反して快晴だった。ツイてると気分よく学会場へ出かけたところ、出席者のリストに私たちの名前がない。事前に手続きをしておいたのにおかしいと受付でゴタゴタした。ハングルはわからないし英語がうまく通じなくて大変だったが何とか決着してよかったと思っていたが、一難去ってまた一難、この騒ぎである。

お金のことも片がついてのんびりとあちこち見物していた最終日、釜山タワーに登ったあと夫が階段で写真を撮っていて足を踏み外した。カメラが落ち部品が飛んでいった音で振り返ると、彼がしりもちをついてぼんやりしている。頭でも打ったかと心配したが、足首をひねり内出血したのと、しりもちで打ったところが痛むくらいで済んで助かった。カメラは高いがまた買える。

二度あることは三度あるというのは本当だ。旅先ではとくに気がゆるむと危ない。

釜山にて

韓国第二の都市、釜山は大きな港町で、各国の船が入るせいか、看板に英語や漢字が交じっていてほっとする。ガイドが「釜山港へ帰れ」という歌知ってますか、ここの歌ですと言う。

まず松島という海岸へ食事に行く。ここは町の中心部から一番近い海水浴場だが、渋滞のため到着したのはもう二時近かった。海岸の道に沿って連なる食堂の一つに入る。どの店の前にも細長い水槽が突き出していて、いろいろな魚が泳いでいた。その横には大小の金だらいのような容器がいくつも置かれ、ハマグリやあさりなどの貝類が入っている。海水が蛇口から注ぎ込まれ、溢れると次の容器に流れ込むようにうまく作ってある。

客は水槽の魚を眺め、食べたいのを指定するとその場で料理してくれるというシステムだそうだが、私たちは旅行社の宛てがい扶持でその楽しみを味わい損なって残念だった。

店の間口は狭く、入るとすぐ台所になっていた。その脇から二階へ上がると細長い部屋

食事をしたレストランから海を望む

に座卓が一列に並べてあり、客は白いビニールシートの床にじかに座る。窓から海風が吹き込んで、花柄の安っぽいカーテンとテーブル掛けがわりの白い紙があおられている。時間がずれたせいか他に客はなく、私たちは窓際に陣取った。窓から緑に覆われた対岸の岬が見え、入り江には小型の漁船が何艘も浮かんでいる。夫は海に近いところで育ったので、海の匂いが大好き、とても嬉しそうだ。

テーブルには箸立てとキッコーマンの卓上ビンが置いてあるだけでなんとなくわびしい。ガイドに食事を一緒にと勧めたが結構ですと行ってしまった。どうやら禁じられているらしい。

やがて大皿が運ばれてきた。サニーレタスと大根の妻を敷き詰めた上にヒラメの活き造りが載っている。二人で一匹とは豪勢なもの、まだ時々口を開く。キュウリとニンジンの薄切りで作った飾りの花が食欲をそそり、新鮮な刺し身は本当に美味しかったが私はそれだけで満腹してしまった。

イカの細作り、サザエ、ホヤ、エビのオニガラ焼き、ハマグリのバター焼きが続く。テーブルには既に青トウガラシと辛いみそ、キムチやわけのわからない漬物類がいくつも並んでいたし、途中でヒラメの骨と頭を取りにきてみそ汁にしてくれたり、サービスはいいが、いくら何でも多すぎる。

「韓国では食べきれないほど出すのがいいというそうだけど多すぎるのは考えものよね」

などと話しているところへ店の女主人がやってきて

「私ここのおかみさん。日本へ帰ったら宣伝してね。お料理がおいしくておかみが優しかったって。それから美人だったと」

韓国へ着いて初めての食事のとき、箸とスプーンを必ず使うと聞いて驚いた。ガイドによれば、食器を手で持ち上げたり、箸でご飯を食べたりすると家でどんなしつけをされているのかと思われるとか。外見は日本人と区別がつきにくいから、ほかの人が近くにいるときはスプーンでご飯を食べるように心がけていたが、このレストランでは給仕の人が引っ込むと、それっとお茶碗を持ち上げお箸を使う。家庭用のスプーンと金属の箸はセットになっている。

夜は海雲台というリゾートに泊まった。二キロ続く白い砂浜に沿って大きなホテルがずらっと並び、カジノもある。窓からビーチ全体が見渡せるいい部屋だった。窓枠の下を開けると潮の匂いと人声が上がってくる。

海雲台ビーチには夜になると屋台が並ぶ。車の付いたかなり長い木製のカウンターのような屋台が、何台も夕方の大通りを横切って海沿いの道に出勤してくるのを見かけた。場所を決めるとそれをすっぽり覆うテントを張る。テント地の一部が透明のビニールになっているので明るい中がよく見える。バットの中にエビやタコ、貝類などが入っていて客は目の前で料理をしてもらう。カウンターの前の小さな椅子に座って海鮮料理を肴に一杯なんていいだろうなあ。ほかに占い師、似顔絵かきのテントなど見物しながら数えたら六十軒ほどあった。

砂浜に降りてみると寝そべったり足を海につけたりしている人たちがいて、その間を赤いバケツを提げたおばさんが二人、コーヒーを売り歩いていた。

ホテルに戻ったあとも人通りは絶えず、空が白み始める頃になってやっと屋台は引き上げ、ざわめきが遠ざかっていった。

往きは良い良い――中国 二〇〇七・五

二〇〇七年五月の連休に中国の九寨溝と黄龍を訪ねた。成都から空路四十五分、山また山を越えていく奥地だった。

黄龍は峡谷を下る水に含まれた石灰が長い間に沈殿し、谷全体が黄色い龍のように見えるので黄龍と名づけられたそうだ。頂上近くの黄龍寺の裏側には棚田のように池が連なり、その一つ一つが微妙に異なる青緑色の水を湛えて息を呑むような美しさだった。帰りは七キロの道を歩いて下り、ホテルで夕食。天気にも恵まれ、皆満足して夕食後空港へ向かった。

この空港は標高三千五百メートル、山が迫って狭いので風が強いと飛行機が下りられない。成都から来た飛行機がそのまま引き返してしまったあとも風は収まらず、十一時過ぎ会社から夕食ですと配られたのが大ぶりの即席麺と水一本。結局欠航となって航空会社指定のホテルへ行くことになった。バスで真っ暗な道を三十分走って着いたホテルは今まで泊まったところとはまるきり違う。ロビーは狭くて薄暗く、壁紙の端がめくれていた。

その日飛べなくなって空港で待たされていた客が一斉に着いたので、受付で部屋の争奪戦が始まった。中国語が飛び交う中、どうやら部屋が取れたと添乗員が皆を集めて言っ

水墨画のように美しい珉江沿いの眺め

た。
「申し訳ないのですが、ツインに簡易ベッドを入れた三人部屋しかありません。ご夫婦で一部屋というわけにはいきませんので名簿の順に三人ずつ分けさせていただきます」
私の番になった。なんと一行の中で最も一緒になりたくない女性と同室である。彼女は異常に痩せていて、黒々とした長い髪を頬の脇まで真っ直ぐ垂らしているのがまるで応挙の幽霊の絵のようだ。見かけはともかく、それまでの行動が自分勝手で顰蹙を買っていたのである。相部屋のもう一人、Yさんと目が合ったら彼女も顔を顰めていた。
エレベーターなしの二階の部屋に入ると暖房がない。高地なのでベッドは湿気て冷えきっている。手を洗おうと思ったら水だけで、スーツケースを広げる余地もないので寝ることにして、寒いのでコートのままベッドにもぐり込んだ。既に夜中の一時を回っていた。

そのときになって例の女性がぼそぼそと顔を洗いたいと言い出し、自分でスーツケースを開けられないとご主人を呼びにいった。旅行中荷物の出し入れは全てご主人がしていたという。真っ暗では夜中に困るので、洗面所の電気だけつけて寝ようとYさんと話していたら、「私、電気を消すと怖くて眠れないの。消さないで」ときた。止むを得ずそのままにしたが天井の電気がついているとなかなか眠れないものだ。

翌朝五時半起床、食堂へ行くと丸テーブルに空の茶碗が人数分置いてある。そして出てきたのが大きなボールに入ったお粥。目玉が映りそうな重湯に近いもので、しかも一人一杯ずつ、それに少量の漬物とゆで卵一個が朝食だった。六時半出発。

かなり旅行経験の豊富なメンバーだったが、口々にこんなひどいホテルは初めてと話しながらバスで空港に向かう。それでもこのときはすぐに飛行機に乗り、少しはましなものにありつけると思っていた。ところが成都でひどい雷雨のため飛行機が飛ばないという。待っているうちにこちらの空港で風が強くなって正午を過ぎてもフライトの案内がない。添乗員は電話片手に会社と連絡したり、ホテルを探したり必死である。

初めは空港の待合室にいたが、次々に乗客が集まってくるのでガイドが私たちを隅の休憩室に連れていってくれた。五十元払うと酸素が無料で吸え、コーヒーなど飲み放題で何時間でもいられる。高山病にかかった一人が酸素をずっと吸っていた。お昼は差し入れのお弁当が出たが依然飛行機は飛んでこない。どうなることかと話していると、仲間の一人で、昔、相撲部屋の女将をしていた人が皆のところを回り、これ以上空港にいても飛ぶ保証はない、昨日の二の舞では堪らないからいっそのことバスで帰るのはどうかと相談に来た。彼女は根回しをしたあとで添乗員のところへ行って私たちの意向を伝え、バスを仕立てさせることにしたのが午後三時、なんと九時間も待たされたあとのことであった。

五時前やっと出発。成都までは約八時間かかる。途中道路工事の都合で通行止めになる区間があるとわかっているので、その時間前に通ろうと二人の運転手が交代でカーブの多い山道を飛ばした。夕食は大きめのマフィンとビスケット数枚とリンゴ一個だけ。その代わり飛行機では絶対に見られない珉江沿いの素晴らしい眺めを楽しむことができた。連なる山々と大河の趣は水墨画そのものだ。大地震で一つの村がすっかり崩れ落ち、今は深い淵になっているところが特にきれいだった。途中一回だけ休んだところでトウモロコシを買って食べる。大釜で皮のまま茹でてあるのが美味しかった。

成都には夜中に無事到着、この事件でグループ全員がすっかり仲良くなり、帰国後、旅の同窓会まで作ってしまったのであった。

こんにちは、パンダちゃん——中国 二〇〇七・五

二〇〇七年のゴールデンウィークに中国の九寨溝に出かけた。成都から飛行機で約四十五分、想像以上に山の中で、切り立った峰々が真っ白に耀いていた。雨の多いところと聞いていたが観光中は天気に恵まれる。大いに満足していざ帰る日、前に書いた通り晴れてはいたが風が強くて成都からの飛行機が着陸できず引き返してしまった。その日は夕方遅くの飛行機だったのでもう一泊したけれど次の日、今度は成都で雷雨のため飛ばないという。また泊まるのでは堪らないとバスに切り替えた。こちらは約八時間、川沿いの山道はカーブの連続、工事中のひどい道もあって成都に着いたのは夜中の十二時過ぎだった。添乗員が、

「大変お疲れ様でした。今日もフライトはキャンセルされたそうです」

わあ、やっぱりバスにしてよかったと一同ほっとする。続いて彼女、

「お疲れでしょうから明日の出発は午前十一時半、午後は古代の水利施設の見学をしますので残念ですがパンダは見られません」

「ひどーい」私は思わず抗議した。「それなら午前中に自分で行きます。遠いんですか」

本当はパンダの郷、臥龍に行くはずだったのがフライトキャンセルで行けず、成都では

パンダセンターに行くという約束だったのにここまで来てパンダが見られないなんて。パンダを見たい方と彼女が言うと、他の仲間全員が手を挙げる。では多数決で午前中にセンターに回るよう今から手配しますということになった。

翌日九時過ぎ、センターの前はもう人で一杯だった。こちらでも連休なので仕方がない。センターは正式には大熊猫繁育研究基地という。

中は広く電気自動車が奥まで乗せてくれる。現地ガイドが言った。

「パンダのお住まいは冷暖房完備です、何しろパンダは国の宝ですからね。二十六度を超すとなかなか外には出てきませんが、今日は二十三度なので大丈夫です」

背の高い細い竹がたくさん生えているところへ出たので、てっきりパンダの餌を栽培しているのかと思ったら違う種類だった。

竹林の中の細い道を抜けると人が一杯いて間からパンダがちらっと見える。急いで近寄ると四頭が食事中だった。朝は一番よく食べるので開園に合わせて餌を入れるそうだ。檻ではなく見物する側に柵があるだけで、彼らは草の上に座ったり木製の梯子の下に陣取ったり、見物人に慣れている様子だ。竹の葉を食べるのかと思っていたら、二十センチほどに折った細い竹の茎を齧っている。大きいけれどしぐさが可愛い。動くぬいぐるみといった感じだ。ソファーに寄りかかったような姿勢で足を投げ出し、両手で器用に竹を持って食べる。あちらでは二頭がじゃれあっていた。まだ向こうにもいますよの声に促され先へ進むと、ものすごく大きなパンダが用を足しているところだった。あらあらと笑いが湧く。皆童心に返ってはしゃいでいる。

次に特に人だかりの多いところに出た。子供のパンダが五頭、木に登って遊んでいる。昨年生まれとか。

その横の囲いではパンダと一緒に記念写真を撮っている。私たちもお金を払って申し込むと、まず靴の上に履くビニールのカバーと使い捨ての手袋を渡された。バイ菌がつかないようにということらしい。入口に薬品の入った水たまりがあり、そこを踏んで入る。

順番が来ると自分のカメラを係員に渡し、パンダのすぐ後ろに回ると写真をたくさん撮ってくれる。

このパンダは大人で、地面に座っていても頭のてっぺんが私の胸の上まである。モデルになるご褒美に大好きな筍を次々にもらえるのでご機嫌だった。猛獣だそうだがおとなしく、夫は耳を押さえたり頭を撫でたりして喜んでいた。

私一人、夫と二人、次に夫一人でとパンダと並んで撮ってもらって一人四百元。背中を撫でてみたらかなり硬い毛だった。

子パンダなら抱っこできると聞いて私たちはそれもやってみることにした。こちらは一人千元、約一万六千円である。日本円ではダメと言われて添乗員に借金した。彼女は利息高いですよなどと笑いながら室内の撮影場へ連れていってくれた。見物人は近くには寄れ

割烹着のような予防着を着て子パンダと。ぬいぐるみのように可愛い

ない。まず割烹着のような青い予防着を着せられ、またビニールの手袋をはめて、中央の流木で作った椅子に座ると、係員が子パンダを連れてきて膝の上にそっと置いてくれる。生温かくてお尻が丸く柔らかい。もう一人が瓶に差した筍を渡すと子パンダはおとなしく抱かれて食べている。蜜か何か甘いものが付いているのだろう。昨年生まれなのにもう二十キロあるそうで結構ずっしりと重い。

あの温度と丸い柔らかなお尻の感触が今も残っていて思い出すたびに思わず頬が緩む。

一歩前進二歩後退 ―――― 中国　二〇〇六・五

「昼食のあと、鳴沙山《メイササン》に行きます」

漢民族のガイド、郭さんはゆっくりと日本語で話し始めた。二〇〇六年五月、連休に中国の敦煌を訪ねたときのことである。

「鳴沙山は敦煌の南約五キロにある砂山で、東西四十キロ南北二十キロにわたっていくつもの峰が連なっています。高いところから滑り下りるとゴーゴーと音がするので、鳴く沙という名がつきました。昨年までは入口から山の麓までラクダで行けたのですが、今年から環境保護のため途中で降ろされます。それでも料金は同じ、ラクダばかり楽をしては楽

鳴沙山の麓までラクダの背にゆられて

だ、人間は大変ね」
駐車場でバスを降り小さな店の並んだ道を十分ほど歩くと入口の大きな門が見えてきた。メーデーから一週間は中国のお休みのため、どこへ行っても家族連れなどでごった返している。
ザラ紙に印刷されたラクダ券を渡されて一歩門を入ると、むうっと獣の臭いが押し寄せてきた。ラクダだ。フタコブラクダが四百頭ばかり砂の上にぎっしり座り込んで壮観である。時折ウイーンと大声で鳴くのがいる。
ラクダには何度か乗ったがフタコブは初めて。こぶとこぶの間に置かれた鞍にまたがると前に摑まる棒があって、これなら楽に乗れると眺めていたら、ラクダ使いが私たちを連れにきた。往復同じのに乗るのできれいなのにしたいと思っていたが、どれも毛がぼろぼろで非常に見端《みば》が悪い。毛の生え変わりの時期だからとか。こぶは後ろの方が少し小さく毛の下の皮膚は黒い。

一人ずつ乗ると、ラクダ使いが四頭まとめて引いていく。ラクダが首を真後ろに回したので、ちょっとひやっとしたが私の匂いをかいだだけ。馬より揺れが少ないので快適だったが、あっという間に終点に着いた。

降りるとすぐ目の前に砂山が聳え立っていた。日が当たり砂がキラキラ光って眩しい。全体は白っぽいグレーに見える砂山だが、採取した砂をルーペで見ると、赤、黄、緑、白、黒の五色の砂が混ざっているそうだ。ぜひ採って帰ろうと夫はビニール袋を用意してきた。

「日中は砂が舞い落ちるが、夜になると温度差の加減で風が下から吹き上げます。だから私の子供の頃から砂丘の形がずっと変わっていないんですよ」と郭さん。

斜面に長い木製の階段が一直線に頂上に向かって伸びている。自由時間にしますので登ってみたい方はどうぞ、頂上まで行けば敦煌の町が見渡せますよ、との添乗員の言葉に唆されて夫と私も登ってみることにした。

階段の登り口のテントで階段使用料一人二十元（三百円）を払う。降りる際、中腹からそりを使うのなら更に二十元。そりは一メートルほどの木の枠に割り竹を張ったもので、一気に滑り下りることはできるが、見ているとひっくり返る人もいる。こんなところで骨折したら大変なのでこれはやめる。

真下から見上げると予想したより勾配が急で、まるで垂直に登るような感じである。木製の階段というより梯子のようで、人が一人やっと通れる幅だった。踏み板が不揃いな上、半分以上砂に埋まっていてすこぶる歩きにくい。

ゆっくり段数を数えながら人のあとについて登っていくのだが、上の人が休むと後ろも止まって休む。芥川龍之介の『蜘蛛の糸』を思い出してなんとなくおかしくなった。

「頂上まであと十メートルほどだけど階段が途切れているんですよ。登りたいけど、ずり落ちちゃって進めないから下りまーす」

上から声が降ってきた。

夫と顔を見合わせたが、せめて階段の一番上までは行ってみたいと、下りる人たちと入れ替わる。先端までは六百八十段あった。その上は砂だけ、ためしに一歩踏み込んだら、さらさらした砂に脛まで埋まってずずっと二歩分くらい下がった。やはり登るのは無理かなと思っていたら他のグループの日本人が数人、さっさと登っていくではないか。私たちを見て、勢いをつけて、滑るより早く次の足を踏み出してと励ましてくれた。つまり駆け上がるような速いテンポで登れということである。大汗をかいて頂上まで頑張ってたどり着き、座り込んで暫く息を整える。

立ち上がって眺めると砂丘が見渡す限り幾重にも続き、稜線を人が歩いているのが見えた。僅か十メートルほどでもこれだけ苦労したのに、昔の人はよくこんなところを越えて旅をしてきたものだ。

反対側を眺めるとすぐ下に月牙泉《げつがせん》という三日月の形をした泉がある。月牙とは中国語で三日月のことだとか。ダムのせいでだいぶ水位は下がったが、漢代からずっと泉の水は涸れたことがないという。砂漠の中でよく存在し続けるものだと不思議に思った。砂ばかり見たあとで水を見るとほっとする。

少し離れたオアシスの中に敦煌の町が一かたまりにまとまって見えた。敦煌はかつて沙州と呼ばれ、漢民族の西域に対する要衝でもあり、ホータンの玉《ぎょく》などを都へ運ぶ拠点でもあった。町の向こうは何もない砂漠がどこまでも続いている。

気がつくと麓に皆が集まっている。慌てて砂を袋に採って、階段ではなく砂の斜面を下りようとしたがこれが大変。踏み出すたびに砂に足を取られてつんのめりそうになる。夫に、

「斜面に合わせて姿勢を反らして」

と言われてやってみたら今度は尻餅をつく。彼は要領よくずるずる、ざくざくと上手に滑りながら下りていき、ぐずぐずしている私を見上げて不器用だなあと笑っている。途中まで来たら中国人の若い女の人が、

「靴を脱ぐといいですよ」

と教えてくれたので大いに助かった。裸足なら階段を伝って下りられる。下から見ていたガイドが、靴を脱ぐと釘が出ているから危ないのになあ、と言っていたそうだが知らぬが仏。

五月の初めでも暑ければ日中は砂が焼けていて歩けないし、砂嵐が起こればとても砂山には近寄れない。登れたのは幸運だった。結局グループの中では私たちだけが頂上を極めたのだ、と内心いい気持ちだったけれど、集合時間には大幅に遅れてしまった。

そろそろ陽も傾き始め、帰りのラクダに揺られていくと、砂に私たちの影が長く伸びてついてくる。かつてはこんな風に人も荷物も運ばれたのだろう。隊商の長い列が、鳴沙山を取り巻く広大な砂漠を進んでいく幻のような光景が目に浮かんだ。

上々吉――台湾　一九九九・八

部活から解放された大学生の末息子が、どこか海外へ連れていってと言い出したので、思いがけず家族旅行が実現した。いろいろ検討したがツアーの出発日が我々の休みと合わず、結局近場の台湾への三泊四日の旅となる。八月中旬でさぞ暑かろうと思ったが、日本が猛暑だったせいか予想ほど苦にならなかった。

最終日、台北の龍山寺を訪れた。台北最古の寺で境内は参詣客でごった返していた。寺とはいえ、屋根の上に極彩色の龍の彫り物が飾られ、軒下の透かし彫りには金や朱が塗られて華やかなものである。

入ってすぐのところに龍が巻きついた太い銅の柱があった。龍の頭を撫でると学業に効き、腹に触ると健康になり、鋭い爪で支えている玉は金運をもたらすとか、あやかりたいものだと一通り撫でておく。皆が触るものだからピカピカに光っている。

長い線香を三本持って本尊の方へ向き、お祈りをする。さきに必ず姓名、生年月日、住所を述べてから願い事をし、そのあと線香は香炉にくべる。次々に線香が投げ入れられるので、煙で向こうが見えないほどだった。

「今、お願いをしましたね。その答えを知りたいと思いませんか。おみくじを引けば答えが書いてあるんです」

ガイドがいかにも気をそそるように言った。無料だという。

私はずっと前、浅草寺でおみくじを引いてみたら、続けて三回凶が出たことがある。もう泣きたい気分になったが、それでも頑張って四度目にやっと吉が出た。幸い何事もなかったが、以来初詣でもおみくじは引かないことにしている。ここでは凶が出る確率は百分の一というので、末息子がまず試してみることにした。

日本のおみくじと違って簡単に引かせてくれない。一定の手順をふむ必要があった。

龍山寺の山門は金や朱が塗られて華やか

ガイドの説明を受けながら、一家を代表しておみくじを引く末息子

まず備え付けの箱の中から「神杯」を二枚取る。「神杯」は竹でできた三センチほどの半月型のもので裏は平ら、表は丸みを帯びている。この二枚を合わせて床に落とし、一枚は裏、もう一枚は表だったら、傍らの足台に跪《ひざまず》く。また姓名、生年月日、住所を言ってから願い事を唱える。唱え終わるともう一度二枚の神杯を合わせて落とす。このときも裏と表が出れば、願いが届いたという合図で、くじを引く資格ができるというわけである。

「このとき二枚とも表だけとか裏だけだったらどうするの」

「また一番初めからやり直しです」

隣でツアー仲間の女の人がやり始めたが、何回やっても先に進まない。とうとう諦めてやめてしまった。

息子も苦労したが、やっと成功してくじを引くことができた。くじは長さ五十センチほどの竹の棒で、傘立てのような筒に入っている。引いた棒の下端の番号によりお告げの書かれた白い紙をもらう仕組みになっていた。

紙の右半分に七言絶句の漢詩が書かれ、その左に神様の答えというのがあった。漢字ばかりで大体のことしかわからなかったが、ガイドがお告げを覗き込んでまあまあですねと言っていた。

帰国して一週間目に花蓮の空港で飛行機の天井が燃える事故があり、うちの乗った飛行機でなくてよかったねと話す。そして一か月後、台湾で大地震が起こった。この占い、まあまあどころか上々吉だったのではなかろうか。

花蓮にて

寺尾壽夫

一九九九年八月、ツアーで台湾に出かけた。夏の盛りでさぞ暑いだろうと覚悟して出かけたが、台北空港は三十四度、日本と同じようだった。乗り継ぎで花蓮に向かう。向田邦子が飛行機事故に遭ったのはこの辺だったのだろうか、惜しい人を失った。

花蓮ではまず一行六人で大理石工場へ。原石がたくさん積んであり、クレーンが数機置いてある。スライスした大理石は表面が磨かれてとてもきれいだ。

「持てれば差し上げますよ」

案内の男性が笑いながら言った。御影石は緑、白、黒、灰色などの種類がある。生産量の半分は日本へ、他は国内とカナダで使われるそうだ。

翌日、バスで太魯閣《タロコ》峡谷へ向かう。道すがらヤシの林が続き、道端にビンロウを売る小さな店が点在している。どこの店も若い美女が店番をして客寄せをしていた。

ビンロウの実は嗜好品で、少量の石灰と一緒によく噛むと赤くなる。赤い唾液を飲みこむと胃を悪くするので吐き出す。昔は道端に吐いたので、道路が赤く汚れていた。しかし今は道に吐くと罰金ということになっているそうだ。ためしに一つ噛んでみたが恐ろしくまずい。よくこんなものを噛むものだ。

太魯閣峡谷はかつてサンゴ礁だった海底が隆起、その後河川によって浸食されてできた断崖絶壁が続く景勝地で、峡谷一帯は国家公園になっている。バスや自家用車が多く、道が狭いので渋滞しやすい。

峡谷へ入ってしばらく行くと、燕子口と呼ばれるところに着いた。峡谷の幅が最も狭くなったところで、対岸の絶壁の浸食された跡が筋になっているのがよく見える。絶壁の割れ目にイワツバメがたくさん巣を作っているのでこの名がついた。覗き込むと川の水は粘土のような色をしていて、不透明である。

先へ進むと道路際に「前方易落石　請迅速通過」という立て看板が立っていた。「この辺は地震が多いし、落石があればもうだめです。怖いけど私は命がけでガイドしています」と現地の女性ガイド。

この断崖を縫って走る道路の建設は手作業で進められ、大勢の人が命を落としたという。工事の殉職者を悼んで長春洞が建てられていた。

慈母橋と呼ばれる橋が峡谷をまたいでいる。下方にはかつて落石があったのか大きな岩がごろごろ重なり合っていた。昔、蒋介石の弟の奥さんがその奥に住んでいた。あるとき彼女は病気になったが、折悪しく洪水で橋が流されて病院へ行くことができず亡くなった。彼女を偲んで造られたのだそうだ。

峡谷の細い道を一列縦隊で進む

漢字は意味がわかるだけに恐しさもひとしお

峡谷を抜けたところに東郷館という大きな土産物屋があった。

中に入ると石の彫刻がいくつも並んでいた。台湾の坊さんの坐像が主で、笑みを浮かべた福相と、ぷっくり膨らんだお腹が面白い。

その脇に碧色の大きな原石が一つ置いてあった。蘭宝石の原石という。眺めていたら、なぜか前の日に大理石工場で説明していた男性が出てきて、

「蘭宝石はとても珍しい宝石です。こちらにありますから見てください」

「あまり聞いたことないね」

「もう採石が禁止されたので、今あるだけですよ」

石はトルコ石に似ているが、もう少し碧色できれいだ。珍しいが値段も高い。他の観光客が入って来たのを潮に、「奥さんに一つどうですか」の声を背中に峡谷を後にした。

北米編

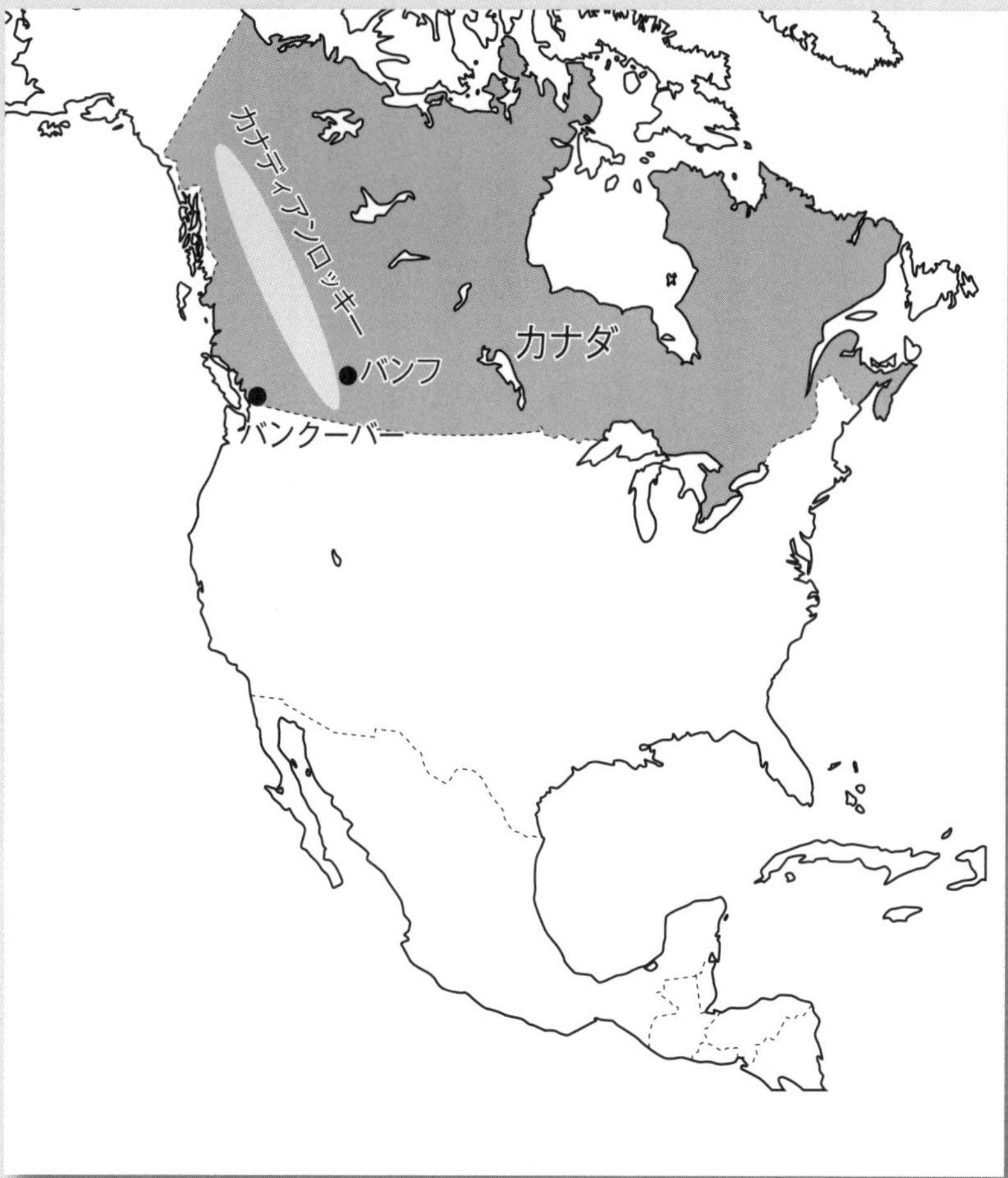
カナディアンロッキー
バンフ
バンクーバー
カナダ

カナダ・ア・ラ・カルト――カナダ　一九九三・九

どこへ行っても日本人ばかり

一九九三年九月初め、国際医学会がバンクーバーで開かれたので夫についていった。カナダは二十年ぶりである。遠い遠いと思っていたがバンクーバーへは八時間、機内で夕食が出て仮眠してまた軽食と忙しく、ゆっくりする暇もなかった。夜九時に出発して同じ日の午後二時に着くというのも変な感じだ。

空港を出ると太陽が眩しい。日射しが大変強くて日焼け止めが必要なくらいだ。北海道より緯度が高いから寒いと勝手に決め込んでホカロンまで持ってきたのに夏服で十分である。

往復は学会ツアーに参加したから日本人男性のガイドの出迎えがあり、ホテルまでのバスの中も日本人だけ、日本語で簡単な市内観光までやってくれるので景色以外は外国にいる感じがしない。

翌朝ホテルの近くの日本料理店へ夫と二人で朝ごはんを食べに行く。ガイドが、

「塩鮭がうまいんですよ。ごはんも日本より美味しいくらいで感激しましたね」

と絶賛していた店で、ホテルの朝食より大分安いのも魅力だ。朝早いのでまだ空いてい

る。しかし店の人は日本語が話せる中国人だった。

メニューは当然日本語でも書いてある。塩鮭と卵、みそ汁、漬物、おひつに入ったごはんで九ドル、納豆は高くて二・五ドルもした。卵は生か温泉卵、彼の言うほどではなかったがまあまあの味。

お茶を飲んでいると十人ほどの年配のグループが入ってきた。声高の日本語で賑やかである。男性一人にあと女性ばかり。男性がしたり顔でメニューの説明をしてから、

「温泉卵の人、手を挙げて。四人ね、あとは生で」

人数をチェックして店の人に伝えていた。夫がじっと眺めていて、我々もやがて年をとると団体でしか旅行できなくなるんだろうなと言った。

昼間、夫が学会に出席している間に美容院へ行った。ホテルのフロントで予約してもらい、行ってみると、「いらっしゃいませ」と日本人の男性が迎えてくれてびっくりする。美容師も客も日本人と白人と半々ぐらい。仕上げをこうしてなどと細かい注文をつけるのにはやはり日本人がいてくれると助かるし、シャンプーは日本人の方が上手だ。二十年前アメリカの美容院でシャンプーを頼んだら、流しに首をつき出して洗うやり方で閉口した。今ではここでも日本式にちゃんとしたシャンプー台があった。

若い日本人の美容師はカナダへ来てまだ五か月、前にホームステイした家に下宿しているとか、店の隅の方にタオルが山のように積んであるし、鏡の前も片付いていないので、

「忙しいの」
と聞くと、
「今日はどこかでパーティがあるらしくて、すごく混んで大変だったんですよ」
と言う。ワーキングビザが比較的簡単に取れるので、こうしてカナダで働いている日本人が非常に多いそうだ。

夜、夫と二人で食事に出かけた。ガイドにチャイナタウンだけは六時過ぎは行かないように言われたが、他は何も注意がなかったから治安は良いのだろう。簡単な地図をたよりに一番の繁華街へ出る。

ホテルの前の大通りでは人影を見かけなかったのに、ここは通行人が大勢いて賑やかだ。すれ違った人の日本語がまず耳に入る。看板も日本語が入っていない方が少ない。バンクーバーには中国人も多いので、なんだかアジアの国にいるような気分になった。

店に入れば必ず日本人がいるし、いささか興冷めして買物はやめ、グランドフォーチュンという中華料理の店に入った。表通りに立て看板が置いてあるが、レストランはたいてい二階にある。

入口にカニやロブスターが入れてある大きな水槽があった。その横で暫く待たされたあと席に案内される。日本語も併記したメニューだから大きな顔であれこれ話しかけたが通じなかった。あれっと思ってよく見ると、ウェイターは中国人で日本語も英語もよくわか

バンクーバーではほとんどの看板に日本語が併記されている

らないらしかった。やっと外国へ来た気分になる。

メニューに「ロブスター、時価」とあった。時価というのは日本では恐ろしいけれど、こちらはシーフードが安いと聞いていたので頼むことにした。注文するとウェイターは私たちを水槽のところまで連れていき、自分で好きなのを選べという。これと指さすと金具で挟んでお盆に載せてくれる。かなり大きくてはみ出しそうだ。鋏はテープで留めてあるからいいけれど挟まれたら指くらい切られそう。元気がよくて上半身を起こし、手をわあっと広げて威嚇のポーズを取った。ちょっと可哀そうな気がする。

料理法を店の人と相談、あまり辛くないのにしてもらう。フカヒレスープは一人前千八百円、他にチンゲンサイをと思ったが英語で何というのかわからない。困ってしまって絵を描いたが彼は首をかしげ、オーケーと言って引っ込んでしまった。どうなっちゃったのかしらねと話していると、プラスチックの籠を持って再び現れた。中に生の野菜が五種類ほど入っている。調理場から取ってきたらしい。一つずつ取り上げて名前を言う。

「ブロッコリー、グリーンアスパラ、シャンハイパクチョイ……」

あ、それ、で一件落着、上海白菜と書く由。白菜の種類とは知らなかった。

ロブスターは二人で食べきれないほどあった。身がしまっていてとても美味しい。スープは銘々に取ったので量がやたらに多く、ごはんも野菜も無理やり食べる破目になった。ビールも合わせて全部で八千円ちょっと、かなり安い。

通りを隔てた二階は亀井鮨、三、四軒分ぶち抜いてある広さだが、それでも客が一杯だった。

どこへ行っても日本人ばかり、しかも団体が多いので余計そう感じるのだろう。これだけ日本語が通じると確かに便利だけれど、たまには違う顔つきの人がいて日本語では用が足りないぐらいでないと、国内の物見遊山と変わらない。

チンゲンサイ

寺尾壽夫

バンクーバーはかねてから一度訪れてみたいと思っていた町だったが、昨年はそこで国際学会が開かれた。会場のホテルからは一望の下に海と山の雄大な景色が楽しめる。海が近いだけあってシーフードが美味しいと聞き、ホテルの人が推薦したダウンタウンの中華料理店へ行ってみた。

バンクーバーを訪れる日本人は非常に多く、中心街へ出るとあちこちから日本語が聞こえてくる。店の看板も漢字が添えてあってあまり外国へ来たような気がしない。

その店は二階にあり、通りに面したエレベーターで上がるようになっている。夜八時頃が食事時で一番混んでいるらしく、少し待たされた。

席に案内され、メニューを見ると、英語と日本語が併記してあった。お目当ての口ブスターは時価とある。当然日本語も通じるものと思ったが、ボーイは顔は似ていても中国人だった。一匹注文すると、好きなのを選んでくださいと、ボーイは私を店の入口の水槽の所へ連れていった。カニやロブスターが重なるように入っている中の、なるべく元気そうなのを指すと、彼はそれを金具で挟んでお盆に載せた。取り出してみるとかなり大きなもので、鋏を振り上げて暴れかかる。

私は席に戻って彼と料理法を相談した。あまり辛くないものに決め、その他いくつか注文したまでは良かったが、「チンゲンサイ」が通じない。スケッチまでして説明したがわからずどうしたものかと考えていたら彼はまもなく籠に何種類かの緑色の野菜の切れはしを並べたのを、得意そうに捧げて戻ってきた。

実物があれば話は早い。お陰で好きな野菜が食べられた。チンタオビールを飲みながらの新鮮なロブスターは身がしまっていて非常に美味しかったし、食後出された勘定書の数字は一桁間違っているのではないかと思ったほど安かった。

しかし本当の魅力は豪華なメニューにあるのではなく、相手の希望をなんとか理解し、かなえてあげたいというサービス精神にあるのではなかろうか。日々の診療がそうであるように。

オー、カナダ

学会に登録した人全員が招かれる歓迎パーティがあるというので出かけることにした。「オー、カナダ」と銘打ってスタジアムで催されるという。パンフレットのふれ込みがすごい。

「全員が楽しめるわくわくするような華やかな夕べ、カナダの真髄を味わってください。ユニークな設定の会場でカナダのトップ水準の演奏、それに文化を感じさせる素晴らしい料理が楽しめます。この夜の記憶は出席者の心に末永く刻まれることでしょう」

服装はビジネスとある。取り立てて盛装というほどではないということだろう。スタジアムで七時半から十一時まで、広いところだし、カナダらしい出し物があるのだろうと期待しながらタクシーで会場へ向かった。バンクーバーでは道幅が広いのにほとんどが一方通行になっていて、私たちは正面入口と離れたところで降ろされた。スタジアムは東京ドームそっくりだが辺りが広々としているので小さく見える。

送迎バスが出ていたが乗り場に行くより直接スタジアムへ向かう方が早かろうと思ったのが間違いのもと、どこから入るのかわからない。それでもぐるっと回って行けばわかるようになっているだろうと歩き出したが異様に静かである。心細くなってちょうど近くにいた白人夫婦に尋ねてみた。

「やっぱりパーティに来たんですか」

「いえ、私たちは夕陽を見に来ただけです。きれいなお洋服ですね」

行きずりの人なのに、にこやかに応対して、しかもちょっと相手を喜ばせる心遣いみたいなのが日本の社会と違うなと思う。

人気のない建物を半分くらい回ると階段があって、突然背の高い男が現れた。きつい口調でどこへ行くと聞く。一瞬ひやっとして思わず身構えたが向こうは親切なつもりだったらしい。その会ならそこを右に曲がってと教えてくれた。

指さされた方へ行ってみたが何もない。倉庫の入口のようなシャッターの前に警備員がいるだけで歓迎の立て札すらない。

「学会のパーティに来たんですが」

話しかけると彼はちょっと待てと言って目の前の大きなシャッターを上げ始めた。車四台並んで入れるくらいの幅で高さ五メートルはあろうか、ギシギシと重い音とともに上がっていく。全部上がったところで彼は「カムイン」と言った。

ヤレヤレと入っていくと、数メートル先にもう一枚のシャッター、脇の方から入るのかなと覗いてみたが入口らしいものはない。後ろで先ほどのシャッターがガチャガチャと下りていく。アリババの心境である。

後ろが完全に閉まると警備員はゆっくり進んで前のシャッターのボタンを押した。人の背の高さだけ開けるという器用なことはできないらしく、私たちが急いで中へ入ったあと

学会主催のパーティ会場となったドーム型スタジアム

もそれは上がり続けていた。

パーティというからにはさぞかし明るくて賑やかだろうと普通は思う。しかし期待はまったく裏切られた。中はほとんど真っ暗で何も見えない。この国際学会には三千人も登録し、家族連れも多いから相当な人数がいるはずなのにすべては闇の中で不思議な感じだった。話し声も高い天井に吸収されるのかあまり聞こえない。

遙か彼方に舞台らしきものがあって、そこだけが明るい。暫く立っているとやっと目が慣れ、人のシルエットが見えてきた。どうやら皆座って食事をしているようだ。

係の女の人が近づいてきてどこでも良いから座ってという。一番はずれのテーブルに空席があったので横の女の人に空いてますかと声をかける。こちらを向くと李香蘭のようにきれいな人だった。

「どうぞ、どうぞ。あちらに料理がありますよ」

と親切に教えてくれる。入ってきたときは気づかなかったが、後方に二か所大きな長いテーブルがあり、保温された料理が並んでいる。早速取りにいったがそこも照明が暗く中身がわかりにくい。幸いそばにいた人が仲間に、

「このローストビーフ美味しい」

と言ったのが聞こえ、私もそれを取った。目を凝らしてよく見るとハムやソーセージ、チキン、それにひき肉入りのインディカ米のごはんがある。ジャガイモのサラダの他は野菜はほとんど生。ブロッコリー、カリフラワー、ニンジンなど、コロコロに切って山のように盛ってあり、ドレッシングが数種類置いてあった。若い人ばかりでないのに皆歯が丈夫なものだ。少しずつ大皿に取ってテーブルにつくとボーイがワインをついでくれた。

少々食べたところで隣の美人が話しかけてきた。黒い髪の大きな目の人で、スペイン系にも見える。私たちが日本人だとわかると、彼女は日本語に切り替え、

「東京からですか」

と尋ねた。予想もしなかった日本語に私は驚いてしまった。ポカンとしていると、

「こちらは私の伯父です。私たち四十年ぶりに会ったんですよ」

彼女は横の男性を紹介した。

「私、西南大学から来ました」

年配の男性は立ち上がって英語で挨拶をした。その人は明らかに中国人なのにどうしてこの美人の伯父なのだろう。

「伯父さんは中国の方とおっしゃいましたよね。ご両親のどちらが中国人ですか」

尋ねてみると彼女は笑って答えた。

「私も中国人です。中国で生まれてすぐ両親と一緒に日本に来てずっと住んでいました。日本人と結婚して今はカナダで暮らしています。今度の学会に伯父が来たので四十年ぶりに会ったというわけですが、父にそっくりでびっくりしました」

スペイン系だと思ったと言うと、彼女の生まれた地方はこの系統の顔だちが多いと教えてくれた。十人掛けのテーブルの残り半分のドクターたちはイタリアのジェノヴァ出身とか。夫がすかさず、

「あ、コロンブスの生まれた町ですね。私も行ったことがありますよ」

と懐かしそうに言うと暫くイタリアの話が弾んだ。

一人のドクターが自分は二度日本へ行ったことがあると言い出した。夫の楽しそうな様子を見ながら、

「日本人はここではのんびりした顔をしているけれど、東京へ帰ったら大変ね。いつもせかせか急いでいて、ラッシュのときの詰め込みときたら」

大きなジェスチャーでそのありさまを話す恰好がおかしいとみんな大笑いだった。陽気でカメラを向けると大騒ぎでポーズをとってみせる。

西南大学のドクターはあまり英語が上手ではなく、詰まると姪が中国語で彼と話し、内容を私たちに日本語で伝える。時には漢字を使っての筆談になるのでイタリア人が珍しそうに覗き込んでいた。

デザートの準備ができると西南ドクターは、

「あなたのためにデザートをお取りしてよろしいですか」

とわざわざ私に断ってからアイスクリームやケーキや果物を皿に一杯取ってきてくれた。いつの間にかサービステーブルのところにデザートを取りにきた人たちの長い列ができている。人間が闇の中からうようよ湧いてくるように増えてきてやっとパーティの雰囲気になった。

私たちが来る前に何をやったか聞いてみると、初めから舞台で軽い音楽の演奏をやっていて食事をしていただけとのこと、挨拶一つなかったそうだ。もしかしたら楽団と歌手がカナダで今有名なのかもしれない。驚いたことに送迎バスで来た人たちも二枚のシャッターの間にいったん閉じ込められてから入ったのだという。

「どうして両方一度に開けて通さないの」

私は夫に尋ねた。

「よくわからないけど東京ドームと同じような方式だから、内部の圧力をあんまり変えられないいんじゃないかな」

美人は、伯父を連れて帰るのでよかったらホテルまで送りましょう、と言って立ち上がった。好意に甘えて私たちも一緒に車で帰る。あとで聞いたらバスが足りなくてホテルへ戻るのに苦労した人も多かったとか。

日本が主催国だったらそんな不手際はないだろうし、会ももっと整然としていただろう。しかし多少羊頭狗肉のところはあったけれど、いろいろな国の人々がただ集まって飲んだり食べたり、そして偶然隣り合った人々と歓談し仲良くなるというおおらかな姿勢は、やはりカナダならではのことだと思った。

バンフのフリータイム

バンフはカナディアンロッキー観光の中心地である。バンクーバーからカルガリーまで飛行機で一時間半、そこからバスに乗り換えて二時間ばかり走ると国立公園の中心の町バンフに着く。たいていのツアーはここに何泊かし、そのうち一日はロッキーのハイライトを回る。そして一日ないし数日のフリータイムというのが平均的なパターンのようだ。

バンフに来て二日目は自由行動となったのでタクシーを頼むことにした。朝電話すると応対に出た人が少し日本語ができるという。それは好都合と聞いてみた。

「昨日バスで回ったけれどエメラルド湖へは行かなかったの。そこまで行って、ついでに二、三か所回るといくらぐらいかかるかしら」

少し話が込み入るとやはり英語でないと無理らしい。一日貸切りで二百ドルくらいというので頼んだが、タクシーが到着していざ顔を合わせると、運転手は、ボスがそこは遠いから五十ドル上乗せしてもらえと言ったという。もう足元を見られてしまっている。

運転手についていきながら夫が小声であれは男か女かと聞く。電話で話した声で私は女だとばかり思っていたけれど、本人を目の前にすると自信がなくなった。

全体にパーマがかかった金茶色の短い髪、怒った肩はたしかに男っぽい。半袖のTシャツの袖口から刺青が見える。カナダ人にしては胸もペチャンコだし、私も決めかねた。キャリーという名だそうだが、これはどちらの名前だろうか。

「女だと思うけどねぇ」

と言いながら私たちはタクシーに乗り込んだ。車はシボレーのフルサイズ、大きいけれど相当古い。これで大丈夫なのだろうかちょっと心配になる。夫は写真を撮るので助手席に、私は後部座席の真ん中に座った。シートベルトを掛けようとすると、キャリーがそんなもん邪魔だからいらないよと手を振る。

行き先を確認し、昼食はキャリーの友人の働いているカフェでとることにしてホテルを出発する。もう十時になっていた。

車は外見も古いが中もひどい。煙草の吸い殻入れの蓋がひしゃげている上、走り出してすぐメーターをピシャピシャ叩いているから不思議に思ったら、キャリーは、

「満タンにしてきたのにゲージがゼロになっちゃってる」

というので青くなる。不安は一層募ったが乗りかかった車、今更いやとは言えずハイウェーへ向かった。前日日本人のガイドが、カナダでは車検がない上、皆さん物を大切にするので古い車がいっぱい走っていますと言っていたのを思い出す。

「見たいところを順番に見て一番遠くまで行き、帰りは一気に帰るのと、その逆にするのとどちらがいいですか」

ハイウェーに出るとキャリーはぐっとスピードを上げながら言い出した。

「どちらでもいいけどストップしながら行くと、日本人帰りはたいてい眠ってしまう」

「じゃあ一番遠いエメラルド湖まで行って、あちこち寄りながら戻ってくることにしよう」

と夫。雲がものすごい勢いで動いているが向こうは晴れだろうとキャリーが言う。前日ツアーで行ったとき、こちらは晴れていたのに途中から雨になったので天気は大いに気になるところだ。

バンフからジャスパーまでのハイウェー約三百キロは、氷河を抱いた山々の間を縫っていくもので雄大な景観を楽しむことができる。三千メートル級の山がゴロゴロしていて最

初はすごいすごいを連発するが、そのうち慣れて、ただきれいねぇぐらいになってしまう。ハイウェーもよく整備され、ドライブは快適だった。運転の腕も確かなようで私たちは安心して景色を楽しんだ。夜のうちに雪が降り、よけいきれいに見える。氷河にも岩山にもそれぞれふさわしい名前がついているが多すぎて覚えきれない。

国立公園だから野性の動物も多い。ハイウェーに出てこないように道に沿ってずっと数メートル置きに杭が立ててあり電気を通しているそうだ。ガードレールはよほど危ないところにしか設置していない。夏休みが終わったせいか車も少なく、たまに車が停まっているときは何か動物が見られるサインである。ビッグホーンという山羊やエルクなどもいて写真を撮る。ヤマアラシが轢かれているのも見かけた。

エメラルド湖に着くとキャリーがドアを開け、

「一緒に行きたいけれど上着を忘れたから寒くてついていけない」

という。こちらはセーターを着込んでいるのに綿のTシャツ一枚ではさすがのカナダ人も我慢ができないようだ。いったいに北の方に住んでいる人たちは冷たいのに強く、私たちが飛び出してしまうほど冷たいプールでも平気で泳いでいるのだが、キャリーは寒がりの方なのだろう。

湖はその名の通り深い緑色に静まり返っていた。宝石のような透明感はないが、光線の加減によって明るい青翠からヒスイのような濃い緑色に見える。氷河が岩を削ってできた鉱物の微粒子が水に混じっているため氷河湖はこういう色に見えるのだそうだ。

「湖の向こう側を人が歩いている」

湖岸を一周する道があるらしく、赤いヤッケが木立の中をチラチラ動いていくのを夫が目ざとく見つけた。貸ボートに乗った父子が音もなく水の上を滑っていく。静かだ。ここは日本人が少ない。バンフから遠いので日本人向けの一日観光コースに入っていないようだ。

車に戻るとキャリーが日なたで待っていた。

「日が当たって少しあったかい。いつもならハイキングでも何でもついて歩くのに十分説明できなくてごめんなさい。今日はチップの心配しなくてもいいよ」

日本語ができると売り込んでいたけれどあまり役に立たなかった。正式に習ったのではなく客から覚えたのだという。クマ、タキ、カワ、リソじゃないリスなどと言ってみせる。

「名前を知らない山や川があったらお客さんの名前をつけてあげると喜ぶ。かずお川とかね。お客さん何て名前？　セツコ、じゃあ、あの山はセツコ山。冬になって暇ができたらシーホー（志保？）が日本語教えてくれるって言ってるの。彼女は旅行社に勤めていて、いい日本人のお客さん回してくれる。私この頃人気がでてきてね。お客さんどこで英語習ったの？　今日は全然日本語の勉強にならない」

キャリーの英語は歯切れが良くて非常にわかりやすい。観光地のこともよく知っている。スーパーガイドブックという本があってそれにみんな書いてあるそうだ。わからない単語を聞き返すとスペルを言ってくれる。本が読めたり、正確にスペルを言うところをみると、きちんと教育も受けているし頭もよさそうだ。私たちがメモしているのを眺めて、

「アルファベット書けるんですか」

と不思議そうな顔つきだった。

落差四百メートルもあるタカカウ滝や天然の石橋などを見てからハイウェーに出る直前にある小さなカフェに寄った。木造の白い建物で、前面にバルコニーがついている。階段を上がって中に入るとこぢんまりとしていて、二十人も入れば一杯の店だった。時分どきで混んでいる。

席をとって待っていると、キャリーが「残念だけど友人が休みでいないから、ルイーズ湖のシャトウでお昼にしよう」と呼びにきた。彼のステーキが美味しいからぜひ食べさせたかったというが仕方がない。

外へ出ると横に三棟ロッジがあった。

「休みには夫と来て、ここでゆっくりするんですよ」

キャリーは結婚していて、やっぱり女だ。しかし話しているうちに夫がボーイフレンドやブラザーになる。要するに一緒にいる人ということだろう。

落差400メートルの瀑布、タカカウ滝

「日本人の子供は躾がいい。私の娘は五歳だけれど日本で教育を受けさせてやりたい」

キャリーの言葉に私たちはびっくりした。案内した家族の子供がとてもおとなしく行儀が良かったのだそうだ。日本では汽車や電車で子供たちと乗り合わせると、たいてい躾はどうなってるのかしらと思うことが多いのに、外国にいる間は子供たちも猫を被るのだろうか。

しばらく走ってルイーズ湖に着く。よく晴れているので、エメラルドグリーンの水に、向こう側の真っ白な氷河がくっきりと映っている。本当に絵に描いたように美しい。

シャトウと呼ばれるホテルの窓から湖を眺めながらお昼をとることにした。キャリーがサンドイッチにすると言うので右へ倣え。中身だけ別のものを注文する。随分待たされたあと、直径三十センチほどの籠にパンとフライドポテトが山盛りになって現れた。ワォ！見ただけで食欲がなくなる。

直径十センチほどの丸パンは輪切りにしてあって、自分で中身を挟んで食べる。夫はサーモンとアルファルファを挟んで周りを齧り、ポテトを数本食べて終わりにしてしまった。

「あの齧り方ではサーモンまでたどりつかなかったね。私もおなか一杯。こういうふうに食べ物を捨てるのきらいだなあ」

さすがのキャリーも食べきれず、残してしまった。普通のカナダ人はこんなに食べるのだろうか。

勘定書が来ると、彼女はどれどれと自分の分はいくらか計算し始めた。三人で三十ドルならリーズナブルという。夫が払ってあげるというと、彼女はこちらがびっくりするほど喜んだ。

「ごちそうになったから何でもしてあげなくちゃあ」

つい千円くらいと理由もなく甘くするから日本人はぼられるようになるのだろうと少し反省もする。

彼女は前にシャトウで皿洗いをしていたと話し出した。

「ブラザーがここでコックをしていたので私も一度泊まりに来たんです。当時一泊百五十ドルもしたのに家族割引で二十九ドルにしてもらっちゃって。窓を開けたら湖が真正面にあって息をのむほどきれいで、すっかり気に入って働くことにしました」

「どうしてバンフへ移ったの」

「ブラザーがバンフで一番高級なフランス料理の店に勤めることになったもんで一緒に来たんですよ。だけどバンフは観光地だから家賃も高くてね。３ＤＫで六百ドルもするんです。カルガリーだったら一戸建てが借りられますもの。ジーンズなんかだって倍はします。私は時間給で一時間六ドル、百時間働いても税金や何やかや引かれると家賃にもならない。ブラザーがいいお金とるから助かるけど」

食事のあと私たちはもう一つの湖、モレーン湖へ行った。その風景はカナダの二十ドル紙幣の裏に印刷されている。岸辺をぐるっと回ってから車のところへ戻ると、キャリーがコーラの入った特大の紙コップを持っていた。ストローが二本突っ込んであり、一口飲むと彼女はそれを私たちに渡した。

「こっちが私ので、もう一本がお客さん。吸うだけで唾は入れないからね」

という。私は遠慮したが夫は少しもらって飲んだ。喉が渇いたといっても一人で飲まず分けてくれるところが面白い。

この日一緒に行動したのは七時間、私たちは二百五十ドル払うのに彼女の取り分は四十二ドル、二百キロ近く運転して随分安いものだ。

「ボスは今日お金儲けたよ」

彼女が言った。

バンフに戻り、サルファー山のロープウェーの駅まで私たちを送っていく途中、彼女はオフィスへ無線を入れた。

「エメラルド湖からの帰り。駅で降ろしてそちらへ戻ります。テンフォー」

「オーケー、キャリー……」

それに続くボスの言葉は私たちには聞きとれなかったが、キャリーは驚くほど強い口調で、「シッ!」と制止、それ以上しゃべるな、あとはオフィスでと切ってしまった。そのあと彼女が急にしょんぼりして口数が少なくなったところをみると、ボスは客の日本人にはわかりっこないと思ってかなりひどいことを言ったらしい。キャリーは私たちとずっと英語で話していたから、てっきり聞かれてしまったと考え、これでチップはふいだとがっかりしていたようだ。恐らくうまくぼってやったなくらいなことを言ったのだと想像している。

夕方五時、私たちは彼女と別れた。相応のチップと喜色満面の彼女を残して。

銃とサイレン

寺尾壽夫

最近、日本でも銃による事件が多くなった。一般市民にまでピストルが出回りかけていると聞いて、私はかつて滞在していたミネソタのロチェスターでの体験を思い出した。

冬の初めのある日曜日、研究室の同僚が私を自宅に招《よ》んでくれた。湖岸に家を新築したのだという。ミネソタには至るところに大小の湖が点在している。

書いてもらった地図を頼りに出かけていったが、湖に沿った道はくねくねとカーブが多い。探しあぐねて道路脇に車を停め、地図を眺めていると、傍らの電柱に仕掛けたインターホンから「我が家へようこそ」と声がかかってびっくりした。

彼の家は、そこから木製の階段を百段余り下りたところにあり、木立に隠れて上からは全く見えない。わかりにくいわけだ。

建物は高床式になっていて、ベランダに立つと湖が一望できる。辺りには家も人影もなく静まり返った水面に樹木の影がシルエットになって映っていた。

中へ入ると、そこは居間になっていて、暖炉には赤々と火が燃えていた。大きなシベリアンハスキーがのっそり起き上がって歓迎してくれる。

年中別荘に住んでいるようなものだが、研究室からは車でたった二十分ほど、交通渋滞などほとんどないから羨ましい話だ。東京では想像もつかない。

眺めを楽しみながらゆっくり食事をし、食後の歓談に時を過ごして帰る前、彼らは寝室を見せてくれた。夫人がサイドテーブルの引き出しをあけ、

「あまり役に立つとは思わないけど」

と言いながら、小型のピストルを出して見せた。薄型でまるでおもちゃのようだが、持ってみるとずっしりと重い。弾は込めてないけれど、隣家はずっと向こうにあるので用心のため持っているのだという。

アメリカでは、スーパーマーケットの一隅でもピストルを売っているのを見てはいたが、現実に一般市民が自衛のため引き出しに武器を入れていることにショックを受けた。いざというとき近所に知らせるように屋根の上にはサイレンが取り付けてある

んですよ、と彼は付け加えた。

既に夕焼けは消え、月が昇って湖面に輝いていたが、銃とサイレンの現実を前にひどく冷え冷えと感じられた。

中南米編

アマゾンのジャングルツアー――ブラジル　一九九七・九

アマゾンを下る

一九九七年九月の初め、夫と私は知り合いの岡先生に誘われて一泊二日のジャングルツアーに参加した。ブラジル北部のマナウスという町からクルーズ船に乗ってアマゾン川を少し下ったあと支流に入り、その奥のアマゾンビレッジに泊まるというコースである。

マナウスはアマゾン川の北側にある町で十九世紀の末、ゴム景気に沸きかえった。当時の繁栄ぶりは大変なもので、成り金たちは汚れ物をわざわざヨーロッパに送って洗濯させたという。一時は世界のゴムの八十パーセントを供給したのだが、ゴムノキが東南アジアに移植され、そちらの方が栽培に適していたため市場を奪われてしまった。町の中心に残っているアマゾナス劇場はヨーロッパから送らせた大理石がふんだんに使ってあり、かつての栄華を偲ばせる。

ペルーから流れ出た本流とコロンビアからのネグロ川がここマナウスで合流して大アマゾン川となる。流域面積がダントツで世界一だけあってとにかく大きい。向こう岸がはるか彼方にかすんで見えた。

ネグロ川には鉱物の粉や植物の成分が大量に溶け込んで非常に黒い色をしている。水温

ペルーからの本流とネグロ川の合流点。ここから大アマゾン川が始まる

は二十七度もあり、上流の水を飲むとモリモリ元気になるそうだ。一方本流は泥混じりの黄土色で、二つの川は水温と流速がかなり違うため合流しても水はなかなか混じり合わない。十キロばかりの間コーヒーブラウンと黄土色にはっきり分かれて流れていくのが珍しかった。境目には渦が巻いている。

かつてスペイン人がこの川を下ったとき、途中女人軍と戦った。それでギリシャ神話の伝説的女武人族アマゾネスを思い起こしてアマゾン川と名づけたのだそうだ。そう言えばガイドが、ここアマゾナス州は不思議に女性が多いと言っていた。彼の説によれば水と気温と食べ物、特に果物に原因があるそうだが、彼の娘の生まれた年、女児八十五人に対して男児はわずか六人だったとか。

川の流れに乗ってクルーズ船は快調に進んだ。熱帯だが日陰のデッキは川風が当たって暑さも気にならない。右舷にずっとモーターボートが伴走している。操縦しているのは十歳くらいの男の子で前の席に動物を抱いた幼い女の子が座っている。岸辺にハゲタカが群れているのや、ピンク色の淡水イルカが水面をジャンプするのに見とれていたら、いつの間にか物売りが乗り込んでいた。

先住民の系統か肌が浅黒く、背の低い太ったお母さんらしい人と娘だった。けばけばしい色の羽根をつけた帽子とか木彫りを並べている。買いたいものはなかったが、ナマケモノを抱いた娘は格好の被写体とあって大人気、モデル料の方がはるかに実入りがよかっただろう。

染め分けの水が混じり合い始めたころクルーズ船は停まり、横付けされたさっきのボートが物売りを乗せて他のクルーズ船へ向かっていった。

一時間ほど下ってから本流をはずれ、「デンキウナギの巣」と呼ばれる支流に入った。支流といっても川幅はかなり広い。早速カワセミが黄色い尾を見せて飛び、アナコンダが首をもたげて船の前を横切って泳いでいった。支流の名の通りデンキウナギもいるのだろう。

両側はジャングルでびっしり木が生えている。昔ながらの原生林はもうほとんどないそうだが、軍はここでサバイバル訓練をしている。四、五人がグループを作り、銃とナイフだけを持ってジャングルに入る。ただし銃は実弾ではなく、当たると色がつくのでどちらがやられたかわかるものである。食料は自分たちで調達して何日かを過ごし、決まった地点に戻る。虫は多いしヘビやヒョウまでいるというから油断はできない。

岸の上の方にワラで囲った掘立小屋のようなものが見えた。日系二世のガイドに聞くと、

「雨期にはあの辺まで水に浸かってました。草が流れ着いて木に被さったんですよ。ほら、あの高い木に黒い水の跡がついているでしょう」

雨期と乾期で水位差が八メートルから九メートルもあるそうだ。水が引いたあとは地面が肥えていて作物がよくできる。

「うちのお父さん、日本の新聞でそういう記事を読んで、ブラジルへ来ようと思ったんです。そしたら雨期は水に浸かるし、乾期になるとカラカラで枯れてしまうし。お父さん、泣いていました」

野菜がやっとできるようになって売りに行くと今度は買ってくれないんです、食べたことがないというので食べ方から教えてやっと暮らしが立つようになりました、と話しながら二世の彼は夕陽をじっと見つめていた。

水中に枯れ木がたくさん立っているところに来ると私たちはモーターボートに乗り換え

た。木の根が引っかかるのでクルーズ船のような大きな船は入れない。さらに行くと簡単な船着き場があってそこがアマゾンビレッジの入口だった。

ワニ狩り

私たちと同じクルーズ船に乗る予定のほかの客の飛行機が遅れ、出発が大幅に遅れたのでビレッジに着いたときはもう日が落ちて薄暗くなっていた。

簡単にすのこを並べただけの船着き場から乾いた砂地を行くとセメントで固めた小道が現れる。それをたどっていくと森の中にフロントのある大きな建物があった。高床式で木製の階段を上がるとロビーになっている。籐でできた椅子がいくつか並べられていた。

部屋割りを待っている間にアセロラジュースが出た。生の実をしぼったもので味が非常にいいのだが惜しむらくは生ぬるい。

手続きが済むと、私たちはキーとローソク一本を渡されて自分のロッジに荷物を置きにいった。フロントのある建物から放射状に延びた小道には両側から木の枝が覆い被さってトンネルのようになっている。別れ道にはロッジの棟番号が入っている標識が出ていた。ロッジはかなりたくさんあるはずだが木が茂っているため見えるのは隣のロッジだけ、一緒の船で着いた人たちはどこかへ散ってしまい、なんとなく心細い。

やはり高床式のロッジの階段を上がったところはテラスでハンモックが吊ってある。中は暗い電灯が一つだけなのでローソクに火をつけ、必要なものだけ取り出してすぐにロビーに戻った。

夕食の時間とあってロビーの横の大きな食堂にはもうビレッジ中の人が集まっていた。日本人は私たちと五十代の岡ドクターの三人だけ、あとは四十人ほどのドイツの団体で部屋中にドイツ語が飛び交っている。私たちはガイドが取っておいてくれた席に座った。目の前にバイキングスタイルの料理が並んでいるが暗くてよく見えない。電源が自家発電ではなく電池なので、それほど明るくはできないとのことだった。

岡先生は何でも食べてやろうという主義で、いろいろなものを取ってきては、これはいけますよなどと教えてくれる。大きな魚の蒸し焼きは白身でなかなか美味しかった。

「僕はちょっと早目に来て、そこのベンチに座っていたんですよ。そしたらガイドが、あ、その辺にタランチュラがいたはずですと言うので跳び上がってしまいました」

と先生。ガイドは日系二世の男性で、日本語がうまい。小柄だががっしりした体格をしていて、ジャングルには小さいときから馴染んでいるから、このツアーについてくるのが一番楽しいとはしゃいでいる。食後のコーヒーを飲みながら彼はこれからが本領発揮と言わんばかりに目を輝かせて言った。

「今夜はワニ狩りに行きましょう。八時出発です」

砂地に点々と並んだ空き缶製の篝火をたどって船着き場に行くと、モーターボートが四隻待っていた。ガイドブックにのっていた写真のような小さなカヌーではなく二人掛けの椅子が六列並んでいる大きなものでほっとする。ガイドブックで手漕ぎのカヌーが茂った木々の間の狭い水路を枝をかき分けながら進んでいく写真を見て、私はこのツアーに行きたくないと思っていた。カヌーはいかにもひっくり返りそうで、泳げない私が川に落ちたらどうしよう、ワニがいるのに助かるだろうかと心配だった。このときはワニといえばどこかのワニ園で見たような大きなものと私は思い込んでいた。ところが岡先生がご一緒しませんかと誘ってきたので、夫は即座にジャングルを見たいし、ワニ狩りにも行きたいとこのツアーに参加するときめてしまったのである。

ボートの最後尾には大きなモーターがついていてローマ字でＹＡＭＡＨＡと書いてある。日本企業はこんなところまで来ていると妙に懐かしい。救命胴着を着けた客を乗せると操縦士はエンジンをかけ、四隻のボートは別々に暗い水面を進み始めた。これからワニを探しに行くのだという。ここへ来るまで私はワニ狩りといってもどうせどこかにワニを集めておき、それを摑まえて観光客に見せるのだと考えていた。探しに出たものの、こんなに暗い広い川でどうやって見つけだすのだろう。月は満月に近く空は明るいが、両岸のジャングルと水面は境目がわからないほど黒々と静まり返っている。

エンジンを全開するとボートはものすごいスピードで進み、操縦士とガイドは強力なサーチライトで岸辺を照らし始めた。サーチライトの光の筋が右に左に踊るのを眺めていると、「いた」とガイドの声。ボートは岸を目指して突進したが残念ながら空振りに終わった。どうしてワニがいることがわかったのかしら。

ボートはまたライトで水際をなぞりながら進む。光の当たるところを目で追っていると今度は二つの点が赤くきらっと反射するのが見えた。あれがワニの目かとちょっと緊張する。ボートがそこへ突進するとガイドが舳先から飛び込んだ。ワニがいるのに大丈夫かと一瞬ヒヤッとする。そこは案外浅いらしく彼は手摑みにしたワニを掲げてボートに乗り込んできた。近くの席の女の人が驚いてのけぞる。

ワニは体長六十センチくらいだろうか、あら、こんなに小さいのと私はなんだかがっかりしてしまった。

ガイドが得意そうにワニを持って寄ってきた。遠くから反射する目をサーチライトで見つけると、そのままずっと照らし続ける。するとワニは目が眩んで動けなくなるので、そこを捕らえるのだそうだ。

ワニは全体に白っぽく痩せていた。いささか迫力には欠けるが、口を開けるとやはりすごい歯をしている。見事にとがったのが六十四本、噛まれたら大変だろう。鼻の上を軽く叩くと口が開くのだがどういうわけか舌は見えない。触ってみると皮膚がかさかさと乾いた感じがする。

まぶたが二重になっているのを手で開け閉めして見せたり、前足の指は五本、後ろは四本といじり回してから、ガイドは、

「仰向けにしておなかを撫でてやるとじっとしているんですよ」

とワニの口をしっかり握って実演してみせる。なるほど気持ち良さそうに（?）ダラーッとするので、おなかを上から押さえると、胃の中に貝殻があるのに触れた。ワニが殻ごと貝を食べるとは意外だった。

いつの間にかほかのボートがそばに集まってきていた。戦果は全部で三匹。操縦士一人しか乗っていないボートでは、運転したり捕ったりはやはり無理なのだろう。一番大きいのは七十センチほど、一メートルを超すともう片手では摑まえられないので、電灯を口にくわえて両手で捕獲するのだそうだ。大きさは目と目の間隔でわかるという。

ドイツ人のガイドが立ち上がって大声でみんなに説明している。アリガート、アリガート、と聞こえるので何だろうと思ったら、ドイツ語ではアリゲーターがアリガートルになることに気がついた。期待していたより随分小さかったがワニはワニ、来てみてよかった。魚釣りではよく「キャッチ　アンド　リリース」というが、ワニでも同じことをやるとは初めて知った。

ビレッジに無事戻り、生ぬるいコークを飲んで一息入れるとガイドが言った。

「あしたはジャングルトレッキングに行きます。夜中は寒いほど気温が下がるので毛布を

ワニ狩りへは大きなモーターボートで向かう

肝心のワニは予想していたより小さくてがっかり

掛けてお休みください」

マナウスで

寺尾壽夫

ブラジルのマナウスは、アマゾン河口から千四百キロほど上流にある街である。二つの川が合流して大アマゾン川となる辺りにあって、十九世紀の末、世界のゴムの八十パーセントを供給していた。驚くほど立派なオペラ劇場が当時の繁栄を物語っている。

そこを訪れた機会に、怖いもの見たさでアマゾンのジャングル探訪ツアーに参加してみた。クルーズ船でアマゾン川を下り、「デンキウナギの巣」と呼ばれる支流に入る。支流といっても相当な川幅で、二時間ほど行ったところにロッジが点在する集落があった。ツアーの一行はそこに泊まり、夜になってワニ狩りに行くというのである。

ロッジに落ち着き、日が暮れてから船着場に集合する。砂地に並んだ空き缶製のかがり火だけを頼りに歩いていくと、モーターボートが四隻待っていた。船尾にYAMAHAのエンジンがついていた。

救命胴着を着けた客が乗り終わるとエンジンがかけられ、四隻のボートは次々に真っ暗な水面に滑り出した。水も岸も区別のつかない闇の中、航跡だけが月光に輝いて美しい。それでも現地の人は慣れたもので、ものすごいスピードで走っていく。ワニと言えば動物園で見る大きなものを想像していたので、ボートがひっくり返ったら大変と内心ヒヤヒヤしていた。

ガイドと操縦士が強力なサーチライトで岸辺の辺りをなぞっていくと、突然二つの点が赤くきらっと光るのが見えた。「ワニの目だ」と二人が同時に叫んだ。ボートがそこへ向かってダッシュすると、ガイドが水に飛び込む。岸辺は案外浅い。バシャバシャという音とともに彼はワニを手摑みで捕らえ、高々と掲げてみせた。近くに座った客が悲鳴を上げた。サーチライトの光で目がくらんでいる間に摑むのだそうだ。

捕まえたワニは体長六十センチほど、想像していたより痩せて小さい。ガイドが口を握ってみんなに見せて回った。鼻の上を軽く叩くと口を開ける。覗き込むと鋭い歯がびっしり生えている。舌がないと思ったら舌は下あごにぴったりついているのでないように見えるのだそうだ。口の中に何かふれると反射的に噛むから油断できない。仰向けにしてふくらんだ腹を触診すると、胃の中に貝殻がつまっているのに触れた。

水面をサーチライトで照らすと、岸の辺りに赤い目が点々と光る。ボートは次の獲物を目がけてダッシュする。目の幅で大きさがわかるので、大きいのは避けるようだ。

水面を走り回ること二時間、捕らえたワニはそのまま放す。翌日になればまた別のワニ狩りツアーがやってくるのだろう。みすみす再びエモノになるのか、それともまた来たぞと、すばやく隠れるくらいの知恵がついたのだろうか。

アマゾンビレッジ

夜中に喉が渇いて目が覚めた。真っ暗である。ここはどこかしら、ああ、ジャングルのロッジに泊まっていたんだ。

夜中は冷えるというので窓の板戸を閉めたが、一つだけは網戸のままにしておいた。そこから寝る前は確かに外の電灯が見えていたのに今はすべて闇の中である。手を目の前に持ってきても何も見えない。際限のない暗闇の中にいると自分の体もなくなって、意識だけが存在しているような不思議な感じがする。ここで生活している人たちはこの状態でも見えるのだろうか。隣のベッドの夫の寝息が耳に入って私はほっとした。

暫く目を馴らしていたが状況は変わらないので私はそろそろと起き上がり、ベッドの縁をなぞりながら足元の小テーブルにたどりついた。そこにガイドから借りた小さな懐中電灯を置いていたのを手探りで探し当て、ミネラルウォーターを一口飲んでまた横になった。物音が全くしない。夜行性動物の声が聞こえるかと思ったが、彼らもこの時分には寝ているのだろうなどと考えているうちにまた眠ってしまった。

アマゾンビレッジにて。ハンモックで昼寝

足元を太ったインコが歩き回り、朝食の卵焼きをねだる

やかましいほどの鳥の鳴き声で目が覚めると、すっかり明るくなって木漏れ日がヤシの葉を編んだ天井でちらちら踊っている。昨夜ロッジに着いたときはもう暗くなっていたので改めて部屋の様子を眺め回した。

高床式のロッジは一棟が二つに区切られ、それぞれの部屋に幅の狭いベッドが三台入っている。足元に小さなテーブルとベンチ、木製の帽子掛けが並んで、その先に小さな洗面所、水だけのシャワーがある。板壁に藤製の細長い飾りが掛かっていた。

テラスに出ると、もう散歩しているドイツ人が数人見えた。軒下にハンモックがぶら下がっているのでせっかくだからと寝てみたら、体がはまってしまって身動きもできない。子供の頃ハンモックを鴨居に掛けてもらってよく昼寝をしたけど、こんなに具合が悪かったかしらというと夫も試してみた。やはりはまり込んで苦笑している。

朝食は八時、食堂に向かう道筋に日本で大事そうに売られている観葉植物がのびのびと茂っている。ハイビスカスの赤が目立ってとてもきれいだった。

食堂は天井の高い大きな空間で屋根はやはりヤシの葉で編んである。脇の方にカヌーが置かれ、パイン、バナナ、オレンジなど山盛りにしてあって好きなだけ食べていい。

昨夜と同じテーブルにつくとガイドがしたり顔で、

「この場所は料理には近いし、外に面しているから一番気分がいいんですよ。中は蒸しますから」

岡先生が、

「夜は本当に冷えますね。寒くて目が覚めました。真っ暗だから手探りでローソクを探して毛布を見つけるのに苦労しましたよ」

「そんなに寒かったですか」

と夫。私が寝る前に夫にもちゃんと毛布を掛けておいたのに気がつかなかったらしい。

よく太った緑色のインコが数羽床を歩き回っている。目玉焼きの端をやってみたらすぐ取りにきて、食べ終えるとまた欲しいと私の足元に寄ってきた。ふと見ると、一羽がずらっと並んだ食べ物の中から卵焼きを選んで食べている。ドイツ人グループのガイドがこいつは卵食いで、一日二個は食べるんですよと教えてくれた。夢中で食べているのをスタッフが来て追い払い、同じ容器の卵焼きを皿に盛ってどこかへ運んでいった。

ジャングルトレッキング

食事のあといよいよジャングルトレッキングに出かけることになった。長袖、長ズボンにスニーカー、しっかり帽子も被ってロビーに集まる。虫よけのスプレーを忘れたと言うと、ガイドがたくさんありますよとシューッと吹きかけてくれた。お客さんの置いていったのがホラこんなにというのを見ると、使いかけが段ボールの箱に一杯だった。

ここで秘密兵器、携帯蚊取りの登場。私は虫に好かれるタイプなので自分用に持ってきたものである。金属製の平たい丸い容器の表面に穴がポツポツとあけてあり、火をつけた蚊取り線香を入れて持ち歩く。フックをベルトに掛けると多少温かいが虫よりましだ。

ドイツ人のグループはほかへ出かけたらしく私たち日本人三人とガイド、それにベルギー人の年配の夫婦とそのガイドが一緒に行くことになった。

さあ、出かけましょうの声にロビーの裏に出ると、頭から腰のあたりまで真っ赤の大きなコンゴウインコが四、五羽高い枝に止まっていた。羽の先は黄色で、尾羽が鮮やかなブルーの派手な種類で、鉤になったクチバシで器用に枝にぶら下がっているのがいる。やっとジャングルに来たという実感が湧く。

その下にはもう現地の案内人が待っていた。彼は痩せて背が高く、精悍な顔つきのブラジル人で、刃渡り三十センチほどの蛮刀を持っている。一見恐ろしげだがガイドに紹介されると顔に似合わず恥ずかしそうにした。まだ若いようだ。ブルーの野球帽を被り、半袖のTシャツにピンクのトレーナーのズボン、その裾をゴム長に入れた出で立ちで、左腕の腕時計がやたらに目立つ。

ジャングルというと人跡未踏の森林で、枝を払ったり、倒木を乗り越えていくというイメージがあるが、今どきそんなところは近くには残っていないそうだ。細い道ができていて案内人について私たちは歩き出した。森の中は案外明るく、温度が下がって完全武装の割に涼しい。蚊やブヨはほとんどいなかった。時期によっては払っても払っても寄ってきて大変なのだそうだ。

歩くときはヘビがいるかもしれないので下をよく見て歩く。紐みたいに細長いヘビがいた。細い方が尾、反対側を見ると頭をもたげてこちらを見ている。シュッと息を吹きかけるといやがって逃げるとか。毒ヘビでオウムやインコに巻きついて食べる。

珍しい木のところへ来ると止まって説明がある。ゴムやチューインガムの木、膵臓に効く薬の木など樹液の出るものが多い。中に虫よけにいいというのがあった。例の蛮刀で削って樹液を出し、ライターで火をつけてみせる。独特のいい香りがした。私が「これと同じ」と携帯蚊取りを見せたら、ベルギー人が喜んで「ジャングルのどの木より珍しい」と虫よけの木と一緒にビデオに撮っていた。削ったところは土を擦り込んで養生する。

根元が水掻きのようにひだになった木が〝お知らせの木〟、叩くとカンカンと澄んだ音がしてよく響く。遠くにいる人と連絡を取るのに使ったという。

ガイドが木の根元の枯れ葉の山に手を当て、

「ここに二日前シカが寝てました」

という。

「そんなことまでわかるんですか。他にどんな動物がいますか」

私が尋ねると彼は、

「ヤマネコやアルマジロとかいろいろいますよ。僕が十三歳の頃イノシシを捕りに行ったんです。イノシシの足跡を追って一頭仕留めましたが、往きに三回小川を渡ったのに帰りは二回しか渡らなかった。それがいけなかったのでしょうね。迷ってヒョウに会ってしまったんですよ」

ジャンプの体勢になったヒョウは尻尾をぱたっぱたっと左右に振るのだそうだ。視線を外すと飛びかかるのでじっと目を見つめ、ヒョウが尾を右に振ったら同時に自分の顔を右に動かす。

「目を絶対に離さないのが襲われないこつなんです。尾を左に振ったら顔を左へ尾の動きに合わせて動かし三十分くらい睨み合っていたでしょうか。ヒョウは諦めて行ってしまいました」

このときは一週間ジャングルをさまよって無事生還。捜索隊が出て随分探し回ったが見付からず半分諦めていたので、みんな大喜びだったそうだ。一人で怖くなかったかと聞くと、どうやってジャングルを抜け出すかの方が先で怖がっている暇はなかったという。

倒木にカクテルグラスの形のキノコが行儀よく並んで生えているのをまたいでいくと、ガイドがタランチュラの巣だと騒ぎ出した。切り株の根方に穴が見える。ライトを当てて、そら一番奥に黒い丸いものが見えるでしょう。タランチュラのお尻ですよというが、いくら目を凝らしても暗いのでわからない。本当にいるのかしら。

案内人について一時間半ほど歩き回ってからロビーに戻った。8の字型にルートをとっ

刃渡り30センチの蛮刀を
持つブラジル人案内人

案内人に従って、ジャングルへと分け入っていく

た と言うが全然方向感覚が働かない。一人だったら完全に迷子になるだろうと思う。

ロビーの隅にタランチュラの標本があるのを見つけた。巨大な黒い毒グモで、あんなのが出てきたら腰を抜かしていたかもしれない。

階段のところで他のグループの夫婦に出会った。ものすごく背の高いご主人が私の携帯蚊取りに目をつけ、何ですかと尋ねた。ベルトから外して見せると彼は、

「素晴らしい。私はよく庭仕事をするのですが虫が多くて困るんです。こういう便利なものは高くてもぜひ買いたいものですな」

と興奮した様子で眺めている。ドイツ人かと思っていたら南アフリカ共和国の人だった。

「ここが済めばもう要らないからあげましょうか」

「それは有り難い。もう日本へ帰るので?」

このあとイグアスの滝へ行く予定と答えると、それではまだこれが必要です、私たちはここへ来る前に行ってきましたが、蚊が一杯いてこんなに刺されましたと足を見せる。それではあとでアフリカへ送ってあげようとお互いに住所を交換して別れた。

一泊二日のツアーの帰りはまたモーターボートで途中まで行き、クルーズ船に乗り換えた。いざ出発というとき木の根に引っかかって船を出すのに手間取ったが、乗客全員が舳

先に集まって後ろを浮かせて脱出する。ここにいればもっと面白いことがありますよと私たちを引き留めてくれていたのかもしれない。ピラニア釣りをしなかったのは今にして思えば心残りである。

帰国後、私は南アフリカの人に携帯蚊取りを送ってあげた。彼はとても喜んでお礼に南アフリカの立派な写真集を送ってくれ、南アフリカへ来ることがあればまたお会いしましょうと書いてきた。

ブラジル・ハイライト——ブラジル　一九九七・九

旅はガイド次第

サッカーのワールドカップでのブラジル勢の大活躍を眺めていてロベルトのことを思い出した。彼とは夫と私がリオデジャネイロを訪れたとき知り合った。一九九七年のことである。

リオの空港に着いたのは夜八時過ぎ、迎えたのはブラジル人の青年だった。添乗員のつかない旅行では、空港で現地のガイドの迎えを受ける。名前を書いた札を掲げて、ずらっと並んで待っているガイドたちの列の中に自分の名前を見つけるとほっとするものだ。

　彼は私たちに近づき、お辞儀をして、

「わたくしはガイドのロベルトと申します」

と自己紹介をした。「た」にアクセントがある。

「よろしいでしょうか。これからホテルへご案内いたします」

　私たちは一瞬あっけにとられた。黒い髪だが、見るからに西欧系の顔立ちの青年から出た言葉とは思えなかったからである。彼の父親はポルトガルからの移民だそうで、背が高くハンサムでスタイル抜群、それが今どき日本でも聞かれない丁寧な言葉遣いをするので本当に驚いた。

　白地に澄んだ青のプリントのシャツ、こんなにお洒落で格好のいいガイドは初めてだ。

「どこで日本語を習ったんですか」

「リオで一年日本語を勉強して、それからスイスの日本語学校に八年通いました。変な外人と言われていました」

　スイスでは学校の合間に日本人相手にガイドをしていたという。

　旅行社が手配をするのでガイドの良し悪しは現地に着くまでわからない。バリ島のときはひどかった。「オサマノバサ」と何度もいうので何かと思ったら王様の馬車だった。そんなガイドに当たったら運のつき、旅はガイド次第でもある。

展望台からの風景。「砂糖パン」と呼ばれる岩山

リオの空港は島にあり、夜なら市内まで三十分ほど。途中大きな病院があった。

「リオの人、何でも一番が好きですから大きな病院を建てました。でも大きすぎて手が回らず、半分しか使っていません。ほら、こちら側は真っ暗でしょ。恥ずかしいです」

車を運転しながら後ろを向いて説明するので危なくてしょうがない。ホテルの近くの信号では赤でスーッと曲がってしまう。思わず「アッ」と声を出すと、彼はすかさず、

「信号はドイツや日本では義務、イタリアではオプション、そしてブラジルでは飾り物と言われます」

これで日本へ行ったことがないというのだから大したものだ。

「明日もよろしく」

「光栄です。こちらこそよろしく。夜の散歩は時計やカメラ、バッグなど持っていなければ安全です」

注意をして彼は帰っていった。

コパカバーナの海岸は世界の三大夜景の一つと言われ、かねてから一度来たいと思っていた。弓なりの海岸線をまばゆい光が縁取り、真珠のネックレスと謳われた夜景をホテルの部屋の窓から見下ろして楽しむ。

翌朝は雨模様でがっかりしたが、ロベルトと観光に出かける。途中で雨が降り出し、ここで雨に遭うなんて悲劇ねと夫と話していたら、

「ヒゲキって何ですか」

と聞く。トラジディだというと、一度習った言葉でも使わないと忘れますと、彼は手帳を取り出して書き込んだ。こうしてガイドをしながら語彙を増やしてきたのだろう。

「リオの悲劇なんて言わないでくださいよ。ガイドの力では天気だけはどうしようもないのですから」

私たちと話していてちょっと聞き慣れない言葉が耳に入るとすぐにノートを取る。

結局夕方まで雨の中を見て歩いたのだが、コルコバードの丘ではキリスト像の上の方は雲にかくれ、足元から見上げる顔に雨が滝のように降り注ぐ始末だった。夜はサンバ

ショーに出かけた。始まる前に踊り子と記念撮影ができるので並んでみたら彼女たちの脚の長いこと、体の線のきれいさに圧倒される。あまり背が高いので私は小人になったような気分がした。華やかなショーにすっかり満足して、ロベルトに送ってもらう。帰る前、彼は、

「明日は天気が回復しそうです。うんと早起きして、飛行機の時間までに展望台に行きましょう。帰国してリオは悲劇だったと言われるのは悲しいですから」

約束通り翌朝早く彼は迎えにきて、展望台に私たちを連れていった。前日は霧に隠れていたリオの街と海が一望のもとに見渡せる。「ポン・デ・アスーカル」と呼ばれる岩山が薄暗い海面からシルエットになって突き出していた。フランスパンを半分に切ってぽんと置いたような形で、ポルトガル人が初めて来たとき「砂糖パン」を連想して名づけたのだそうだ。

リオのシンボルでもあるこの岩山やコルコバードの丘の巨大なキリスト像の眺めを充分楽しんで私たちは空港へ向かった。

イグアスの滝

寺尾壽夫

アルゼンチンでの学会の折、イグアスの滝を訪れた。ブエノスアイレスから飛行機

で二時間弱、空港からバスでイグアス国立公園に入ると、ジャングルを切り拓いた真っ直ぐの道が滝に通じている。

ダスカタラタスというピンクの美しいホテルがあり、その前のテラスから視野一杯に広がる滝のスケールの大きさに目を見張ったが、この雄大な景観はまだほんの一部で、幅四キロにわたって三百以上の大小の滝が落ちているそうだ。

対岸に滝を見ながら遊歩道を行くと、突然タヌキそっくりの顔をした動物が数頭現れた。アライグマの一種とか、デビー・クロケットの帽子にぶら下がっているあの縞々の尻尾を振り立てて、観光客には目もくれず、次々に道を横切り下の茂みに入っていった。大きな緑色のトカゲや美しいチョウが目を奪う。

一番奥に「悪魔の喉笛」と呼ばれる最大の滝がある。水量も落差も圧巻で、正面に大きな虹がかかっていた。橋伝いにすぐ近くまで行けるが、水煙が容赦なく降りかかり、目も開けていられない。下を見ると、激しく渦巻く水流に吸い込まれるような気がする。

「イワツバメが飛んでますよ。この時期、まだたくさんはいませんが」と、ガイドが指さすのを見ると、白い水煙の上を十羽くらいの群れが飛び回り、時折滝の後ろに飛び込んでいく。思っていたより大きな鳥だった。

その後、ボートで下から滝を見に行く。舳先の高くなった二十人乗りのボートに

ナイアガラも小さく感じさせる大瀑布、イグアスの滝

大瀑布を下から見上げる。滝壺に引き込まれそうなスリルに乗客から悲鳴が上がる

は、日本製のエンジンが二基ついていて、ざっざっと波を切って猛スピードで進む。白い水兵帽を被った船頭はゴムのカッパに身を固め、巧みにボートを操り、滝の落ち口に向かう。直前でボートは急停止、客が悲鳴を上げる頭上に大量の水が降り注ぐのを嬉しそうに眺めていた。

ここでは、かつて眺めたナイアガラの瀑布も小さく感じられる。しかし、春浅いブラジルの大地を揺るがせて落ちるイグアスの雄大さは、同じ滝とはいえ、紅葉の中を一筋に落ちる華厳の滝の美しさとは異質なものに思われた。

ペルー縦断

ペルー　二〇〇八・五

リベンジ

世界三大がっかりというのがある。シンガポールのマーライオン、デンマークの人魚姫の像、そしてベルギーの小便小僧は評判の割に見てがっかりの意味である。では我家の三大がっかりはどうか。夫と選んでみた。少し意味は違うが、まず最近オーストラリアで強風のためエアーズロックに登れなかったこと、地上の風は頂上で三倍の強さになるそうで、転落を恐れて登頂禁止となる。麓まで行きながら登山道閉鎖の看板に涙をのんだ。そしてエーゲ海クルーズではサントリーニ島に上陸できなかったこと。このときも強い風で海が荒れた。クルーズ船で横付けできる桟橋がないのでランチで島に上陸するのだが波が高くランチに乗り移れない。目の前に島を見ながらひき返したのである。そして最大の痛恨事は一九九七年にマチュピチュに行けなかったことである。すぐそばのクスコに泊まり、翌日は汽車で訪れる予定だった。ところが朝起きたら向かい合った山で山火事が起こったという。煙がマチュピチュに吹きつけるため汽車は不通、観光は禁止ということになってしまった。

世界遺産のテレビ放送が始まり、マチュピチュは何度となく画面に登場した。あまつさえ人気投票ではいつも第一位になるのを見ては残念な気持ちが増すばかりだった。

このまま一生行き損なったままでは悔しいと二〇〇八年五月にマチュピチュに行くツアーを見つけ、夫と二人出かけようということになったのである。

四月の末に日本を出発、アトランタ経由でペルーのリマまで約二十時間。このツアーでは高山病予防のため徐々に高所に体を慣らすよう日程が組まれていた。まずウルバンバに泊まり翌日早く汽車でマチュピチュに向かう。ドームカーなので天井の窓から雪を頂いた山々が見え、線路の脇をウルバンバ川が雪解けの水を集めてごうごうと流れていた。

最寄りの駅アグアスカリエンテス駅で降り、土産物屋がずらりと並んだ中を抜けると遺跡の入口までのシャトルバスが待っていた。ガイドの言う「ペルーのいろは坂」を三十分ほど行くと標高二千四百メートルのマチュピチュに至る。右側は断崖絶壁でヒヤヒヤする。向こう側に山頂の丸い山がいくつも重なっていた。

終点のホテルに着くと、入口に巨大なエンジェルストランペットの木があって、五十個以上の花が下がっていた。そこからは遺跡のほんの一部が見える。川の流域はジャングルで、麓からは全く見られないところによくこんなに大がかりな都市を造ったものだ。

「雨期と乾期の狭間なのに天気に恵まれましたね、皆様の心がけがいいのでしょう。チェックインしたらすぐ遺跡に出かけます」

ガイドが嬉しそうに言った。インディオ女性のガイドは三十歳くらいか、日本語が上手で気が利いていい人だった。

ホテルの横がマチュピチュ遺跡の入口でバスから降りた観光客がぞろぞろ入っていく。見晴し台へ向かう登りの道は行列ができるほど人が多い。石がごろごろして歩きにくいが、暫く行くと突然視界が開けた。見晴らし台から日差しを一杯に浴びて、よく整備された遺跡が一望できる。朝と夕方が光線の具合で特によく見えるそうだ。

「やっと見られたわね」

「今日は山火事もなさそうだし、よかった、よかった」

十一年がかりでやっと来られたと夫と私は遺跡をバックに写真を撮ってもらい、暫く立ち尽くしていた。空気の薄さ、太陽の暖かさ、鳥の声、中心の広場に立つ一本の木の緑の鮮やかなこと、テレビで見慣れてはいても、やはり現地に立つと違う。段々畑に野生のリャマが数匹、観光客の関心を引いていた。

見晴らし台からいったん谷に下りマチュピチュの遺跡を見物する。太陽の神殿や日時計などアップダウンの道を昼過ぎまで歩き回った。細い水路を流れる水は冷たいのかと思って手をつけてみたら意外に温かい。

遅い昼食のあと、希望者だけで太陽の門という遺跡に出かけた。先ほどの見晴らし台から片道一時間ほど、近いと思ったが昔のインカ道は石がぼこぼこ飛び出していてかなり苦労した。ここでもリャマに出会ったが我々には見向きもせず一心に草を食べていた。片側は断崖でなるべく山側に寄って歩く。

途中から雲が湧いてきて、急にパラパラと降り出して雨ゴートが役に立つ。やはり山の天気は変り易い。ランの花や黄色の花がたくさん咲いていいてとてもきれいだ。午前中歩きすぎて足が痛むので私だけ遅れて息を入れていたら、ハチドリが目の前で花の蜜を吸っているのを発見。あとで皆に自慢した。

頂上に近づくと先着した人達が早く早くと呼んでいる。急いで行くと、そこが太陽の門で、何本もある石組の柱の間から向こう側に二重の虹が伸びているのが見えた。大きく弧を描き、刻々と色が濃くなってくる。やっと来たねと天から御苦労さまと言われたような気がした。

クスコ——インカの遺跡とリャマの街

寺尾壽夫

日本人ペルー移民百周年の記念行事が盛大に行われたというニュースを見て、先年訪れたペルーの町々を懐かしく思い浮かべた。特にクスコは印象に残る町だった。

クスコは首都リマから飛行機で約一時間、十六世紀まで大インカ帝国の首都として栄えたところである。アンデス山脈の上を飛ぶと見渡す限り続く山並みに細い道がどこまでも通じているのが見える。こんな山深い地でも人跡未踏ということはなさそうで、人間の努力が太古から営々と続いていることを実感した。

山懐に抱かれた町に降り立つと、空港の出口にポンチョを着たバンドが観光客を歓迎して演奏していた。心に染み入るようなケーナの響きが辺りの静けさを際立たせている。

宿は町の中心に近い五つ星ホテル「リベルタドール」。スペイン人ピサロがインカを征服したのち、邸宅として使っていた建物だという。白壁に茶の縁取りの窓のついた建物はスペイン風で、赤いコートを着たドアマンが入口に控えていた。

ここは標高三千三百六十メートル、富士山より少し低いところにある。山懐に囲まれた赤茶色の町は、かつて栄華を誇った大インカ帝国の首都であった。空気が薄いので日本から持参したせんべいの密封した袋はパンパンに膨らんでしまう。高山病にか

かる人も多く、ホテルのロビーでドイツ人の巨漢が酸素吸入を受けているのを見かけた。空気が希薄なのでガイドに、

「酒飲むな、風呂に入るな、速く動くな」

と言われたが忠告を無視、入浴後ワインと郷土料理に舌鼓を打ち、散歩に出かけたがなんともなかった。

翌日、町に出ると、ビニールの袋にマテの葉を一杯詰めて売っていた。マテ茶といって柔らかい薄緑のマテの葉に熱湯を注いで飲むと高山病に効くのだそうだ。ホテルのロビーにも用意されている。

石畳の細い道の角を曲がったとたん、リャマにぶつかりそうになった。初めて見るリャマは、首が長くて可愛い顔をしている。ラッキーと早速カメラを向けると、後ろに華やかな民族衣装を着けたおばさんが控えていて、すかさずモデル料を請求された。観光客相手の商売人だったというわけだ。どうせ払うならとリャマの首を押さえて正面を向かせようとしたら、彼（？）は迷惑そうに目玉をキョロキョロさせた。ふだんはおとなしいが、怒らせるとくさいツバを大量に吐きかけるのだそうだ。

メルカード（市場）ではいろいろな物を売っていて見て歩くのが楽しい。山高帽を被ったインディオの女の人が店番をしている。原産地だけあってジャガイモの種類が多く、それぞれ麻袋に詰められ、ずらっと並んでいるのは壮観だった。

青い麦の穂のついたものを束にして売っているのでガイドに聞いてみると、ネズミの餌とのこと。ネズミ料理は極めつけのクスコの味という。ネズミと言っているが、飼っているのをみるとどう見ても研究室で見慣れたモルモットの仲間のように見えた。

夕方、町外れの丘の上のサクサイワマンの遺跡を訪れた。クスコの町が一望できる。屋根の色のためか町全体が赤茶色にくすんで見えた。

ここは、かつてインカ軍が侵略者スペイン人に反旗を掲げて立てこもった要塞の跡である。インカ軍は人数でははるかに優勢だったが、火器を持たず、投石やこん棒で奮戦するだけでは敵うはずもなく敗退してしまった。

要塞は巨石を三層に積み上げて造られているのだが、中には一つで高さ五メートル、推定三百六十トンもあるものもある。滑車もなしにどのように運び上げたのだろう。

石組みは精巧なもので、石と石の間に紙一枚入らないほどきっちり組まれている。当時の技術の高さを偲ばせるが、インカは文字を持たなかったため、今となっては謎のままである。

観光客もあらかた帰り、広場の隅に土産物を売るインディオの女たちと数頭のリャマが座り込んでいた。見世物用のコンドルが一羽、ちょっと飛んでは舞い降りて遊んでいる。折しも雲間から光が放射状にこぼれ出て、静まり返った遺跡に悠久の時が流れているようだった。

ティティカカ湖で

私たち一行を乗せたバスがアンデス山脈の四千三百三十五メートルのララヤ峠を越え、暫く下ったところで湖が見えてきた。ティティカカ湖である。はるばる来たなあと青く光る水面に眺め入った。何しろ成田から飛行機でアトランタまで十三時間、乗り換えてペルーのクスコまで七時間、クスコからはバスで四百キロ走ってやっとたどり着いたのである。早速湖をバックに夫と記念撮影、ツアー仲間も嬉しそうに写真を撮りあっていた。

ティティカカ湖はアンデス山脈のほぼ中央にあり、海抜三千八百十二メートル、富士山より高い。広さは琵琶湖の約十二倍、汽船が航行できる湖としては世界最高地にある。

湖岸のホテルに一泊、窓から湖が一望できる。彼方まで水面が続き、トトラと呼ばれる蘆がたくさん生えている。日の出を見ようと朝早く起きたのに雲が低い位置にあっていま一つ冴えなかったが素晴らしい天気である。

朝食後、ホテルのすぐ脇からモーターボートに乗って浮島を訪ねた。人の背よりずっと高く茎の太いトトラが水路の両側にぎっしり生えているので見通しがきかない。それでも三十分ほど行くと急に視界が開けた。ウロス島の中庭と呼ばれる広々とした湖面で、周りに島がいくつも見える。ウロス島は島の名ではなく三十六ある島の総称とか。どの島に上がるか選り取り見取り、ぐるっと見回して観光客がまだ上がっていない島に行く。

テニスコート三面くらいの広さの島に降りると足の下がなんとなくふわふわしている。ベンチはトトラをロープで束ねた直径三十センチほどの円筒で私たち一行がそこに座ると、背の低いがっしりした男性が出てきた。よく日に焼けている。

「バイセーロ島にようこそ。浮島がどのようにできたかお見せしましょう」

彼の脇に黒い五十センチ角の塊が四個置いてあった。黒い塊はトトラの根の部分を切り取ってきたもので、塊のそれぞれに木の棒を立て、ロープでつなぐ。同じようにいくつもまとめて島の土台にし、その上にトトラの茎を縦横交互に何層も重ねる。家はユーカリの木で枠を作り壁も屋根もトトラで覆う。家は円錐形のも四角のもあった。一か月ほどで湿気が上がってきたら新しくトトラを取ってきて上に重ねていく。炊事は外でしていた。

次に彼は石にロープを縛りつけたものを持ち出して言った。

「この辺の深さはどのくらいでしょう。当たったら賞品が出ます」

十メートル、十五メートルなど声が上がった。彼が足もとの一部を持ち上げるとそこに穴が開いている。ロープを持って石を下ろし、止まったところで印をつけた。それから石を引き揚げロープの長さを測る。水深は十九メートルだった。では浮島の厚みはということで鳶口のような鉤のついたものを例の穴から下ろす。これにもロープがつけてあり、島の底に鉤を引っかけて上に印をつけてさっきのように測るとちょうど三メートルだった。島は流れないように湖底に打ち込んだ木の杭につないである。

この島には五家族二十三人が暮らす。家の中にはベッドがあり、華やかな布が掛けてあった。島の一部に作られた生簀には三十センチほどの魚がたくさん泳いでいる。かなり豊かに暮らしているように思った。女性は赤や青のウールのギャザースカートに刺繍を施したきれいな上着を着て座り込み、土産物を広げて売っている。トトラ細工の舟のミニチュアや壁掛けなどだが値切ってもあまり負けない。木陰がないので皆帽子を目深に被っていた。島では男の方がよく働き、女は坐ってばかりいるので太るのだそうだ。男は漁をしたり舟を作ったり、その上トトラで籠を編んだり時には刺繍までやってのけるという。トトラの茎は皮をむくと食べられる。白くて、齧ってみたら味のないサトウキビのような感じがした。

二、三お土産を買い、私たちは双胴のトトラの舟、バルサに乗った。ツアーのメンバー十五人全員が乗れる。トトラの色が鮮やかな黄色で真新しい。きれいなのが好まれるので常に新しく作るのだそうだ。後部にやぐらがあり、夫と私はそこに上がった。見下ろすと島の女性と子供が岸にずらっと並んだので何をするのかと思ったら、ペルーの民謡を歌い出した。別れのご挨拶らしい。いい感じと聞いていると次に「咲いた、咲いた、咲いたチューリップの花が」ときた。日本人がよほどたくさん来るのだろう。しかしこの営業努力には驚いたり感心したり。歌詞を一つも間違えず歌い終わったところで私たちは手を振って別れた。

次の島ではコンドルを飼っていた。まだ一歳ぐらいなのに大人の半分ほど丈がある。一日二キロの肉を食べるので写真のモデルになって自分で餌代を稼いでいた。

湖上を渡る風はものすごく冷たかったが、高山病など寄せつけない爽快さだった。

天野博物館

寺尾壽夫

一九九七年九月、医学会の途次立ち寄ったペルーのリマで、天野博物館を訪れた。私の九十五歳になる患者のS氏は館長夫人と古い友人だそうで、彼女宛てに紹介状を書いてくれたので、見学がてら夫人に会って、その近況を伝えようということになったのである。

博物館は、高級住宅街の一角にあるシンプルな建物で、看板もなく、知らなければ通り過ぎてしまう。受付を通すと、早速館長夫人が現れ、驚いたことに自ら案内してくれた。予想していたよりずっと若く、すらっと背の高い、きれいな人で、S氏によれば元ミス・ペルーだったとか。日系二世だが、実にきれいな日本語を話す。

亡くなった天野氏は有名な実業家で、事業の傍ら続けたプレ・インカ文明の研究に

天野博物館にて。展示品の解説をする館長夫人（左）

おいても第一人者であった。この博物館は、その収集品を整理し展示するために作られたものである。氏が調査に赴くたびに書き込みをした手書きの地図が、大切そうに壁に貼ってあった。

第一展示室に入ると、土器が時代別に分類されていた。収集品は三万点に及ぶそうだが、並べてあるのはごく一部で、夫人は一つずつ丁寧に解説してくれた。背負い紐を通す手の付いた大きなかめや、注ぎ口の二つある酒器の隣に、人の顔を象った壺がいくつかあった。いろいろな表情のものが並んでいる中の一つを指して、夫人が「以前いらしたお医者様に伺ったのですが、この顔は梅毒の人らしいですね」と言う。よく見ると、なるほどHutchinson歯やParrot溝など先天梅毒の特徴が読みとれる。

第二展示室には、織物や編物が引き出しにきちんと整理されていた。小さなビーズにルーペでなければ見えないほどの穴をどうしてあけたのか、南米にはかつて文字がなかったので、このように高度な技術が伝えられてこなかったのは非常に残念だと話していた。

入館料は取らないので、博物館の維持のため、なにがしかの寄付をする。門のところまで見送りに出てきた夫人は、S氏へのお土産に小冊子を手渡し、よろしく伝えてと言いながら、ふと昔を懐かしむような表情を浮かべた。

パンアメリカンハイウェーで

ペルーは細長い国で、海岸砂漠地帯、アンデス山脈とアマゾン川流域の熱帯雨林と縦に三分割されている。その海岸砂漠地帯にパンアメリカンハイウェーが一直線に伸びている。

このハイウェーは最北のアラスカからアルゼンチンの端まで南北アメリカ大陸を縦断している。約一万八千キロ、十三か国を貫通するスケールの大きいものだ。ハイウェーの建設当時はまだナスカの地上絵が知られていなかったので、残念ながら道が地上絵の真ん中を突っ切って走っている。

この日私たちはバスでナスカへ向かっていた。ナスカはリマから約三百キロ南にあるので、バスは朝早くリマを出発した。

市内の高級住宅地を抜けると間もなく海岸に出た。右手に海、左手は山へ向かって緩い上りの砂漠、その先に高い山々が連なっていた。よく晴れて海が真っ青でとてもきれいだ。海水浴場がある。また海岸には養鶏場だという四角い建物が多く見られた。魚粉を主な餌としているので鳥インフルエンザはないとのこと、広い場所で放し飼いなので美味しいそうだ。

暫く行くと砂漠に真四角のものが並んでいるのが見えてきた。

「あれ、何ですか」

ガイドがあまり言いたくない様子で話し出した。

「貧民居住区なんですけど、政府は〝新しい村〟と呼ぶようにと言っています。今は携帯で情報を得て、山の人たちが何か仕事にありつこうと下りてくるんですが、日雇い仕事くらいしかないので国有地に住みついたのです」

ペルーは食物が豊富で、貧しくても困らない、雨が少ないのでベニヤ板を組み合わせた簡単な家で十分暮らせるとのこと。

「勝手に住みつかれては困るのでもちろん時々撤去しようとはしていますけどね。あちらに国旗の立っているのがあるでしょう。国旗侮辱罪というのがあるので、あれは撤去しのぎです。五年に一度大統領選挙があり、そのときはここは票田となるので急に大事にされ、村として居住権が認められるんですよ。それまで持ちこたえればいいと頑張っているし、〝ベニヤ板五枚あれば嫁が来る〟と言われています」

リマの人口八百万人のうち六百万人が貧民層だが、彼らの六十パーセントが幸せだと思っていると聞いて、ちょっと考えさせられた。

沿道には小さな町が点々と続き、背の高いアフリカンチューリップの木に真っ赤な花が咲いているのが見られた。

「そういえばアフリカに行ったときもあの木がたくさんあったわね」

私が話しかけると夫が、

「見つけたら早めに教えてよ。なかなか写真に撮るのが大変だ」

カニエテという村があった。農業地帯で、初めは黒人が二十万人も連れてこられた。サトウキビやワタを栽培していて、一八七九年には日本人が七百九十人入植。四年契約だったが最初の一年で百三十名死亡、四年後に残ったのは百六十人だけだったという。それでも一生懸命働き、ある程度生活も向上したが、第二次世界大戦のとき、ペルーは米国側についたので日本人はアメリカに送られた。しかし終戦後にペルーに戻り、子供の教育に力を入れ、勤勉、正直をモットーにペルーに貢献したので今の地歩を築いた。この人たちが

地上絵を横切って南北アメリカ大陸を縦断するハイウェー

いなければ、フジモリ大統領は存在しなかっただろうと言われている。

その後日本人はほとんどリマへ出てしまったが、大農園の豪邸などはまだ残っている。ペルー唯一の仏教寺院があり、四世や五世の人たちが位牌とか仏壇の始末をしてもらうのだそうだ。

それから暫く走り、チンチャとかビスコという村の中を通ると、二〇〇七年八月の大地震の瓦礫がまだ片付けられていなかった。九十パーセントが破壊されたという。かつて黒人の奴隷が来たところで、彼らはペルーネグロと呼ばれ、チンチャの黒人の曲は人気があるという話だった。

「あちらに見えるのは女性刑務所です」

ガイドが急に言い出したので目を向けたが、大した建物ではない。不審に思ってい

ると、

「中でミスコンテストがあって、テレビでも放映されます」という。

皆、なんで？　とガイドに注目。

「コカインの主な輸出国はペルー、ボリビア、コロンビアです。運び屋はたいてい美しい女性なんですよ。だから収監されているのも美女が多くて、昨年はオランダ人がミスになりました」

飛行機ではこういう話は聞けない。やはり時間があれば実際にその土地を通ってみると面白いものだ。

サッカー

寺尾壽夫

一九九七年ペルーを訪れたときは翌年のサッカーのワールドカップ・フランス大会の予選で、南米はどちらを向いてもサッカー一色の観があった。

ペルーでは空き地さえあればボールと戯れる子供たちの姿を見かけたのが印象に残っている。

首都のリマに立ち寄った夜、シェラトンホテルのレストランで食事をした。ロビーのテレビに人だかりがしているのでボーイに聞くと、ペルーとベネズエラのW杯予選

W杯のときは25万人を収容したとされるマラカナンスタジアム

の中継とのこと。そわそわしながら飲み物を運んでくると、バイキングスタイルなのをいいことに、ボーイたちは一人また一人とテレビに吸い寄せられ、やがて私たちだけが取り残されていた。点が入ると人々がどよめき、後ろの人はよく見ようと跳び上がっている。サッカー場がホテルのすぐ近くで、時折歓声が風に乗って聞こえる。その夜はペルーが勝ったらしく、遅くまで花火の音や人々のざわめきが絶えなかった。

ブラジルのリオでは、マラカナンスタジアムを見に行った。これはリオで開催されたW杯のために造られたもので、世界一だという。ガイドによれば、収容人数は一応十七万人だが、大会のときは二十五万人も詰め込んだとか。

エレベーターで最上階まで上がると、スタンドは屋根付きで、こちらから向こうの端はよく見えないほどの大きさである。ここからでも選手の動きや駆け引きがはっきりわかるのだろうか。はるか下の方のフィールドでは男が数人、春光の下で芝生の手入れをしているのが小さく見えた。

フィールドの周りには、熱狂したファンが中へなだれ込まないように深い堀が巡らせてあった。スタンドの方もかなり高い鉄柵で仕切られている。それでも相手チームのサポーターが乗り越えてきて、入り乱れての乱闘になることもあるそうだ。

スタンドの下はサッカー博物館になっていて、有名選手たちの大きなパネルが壁にずらっと掛けてあった。

「ブラジル人はサッカーのために生きている人が多いんです。だから試合に負けると自殺者が出るんですよ」

とガイドが言っていた。

一九九七年当時日本は彼らに比べれば歴史も浅く、選手層も薄い。それでもブラジルと並ぶ世界の強豪アルゼンチンに善戦した日本チームの試合は立派という他はない。

ナスカの地上絵

新聞によれば、地上絵で有名なナスカの砂漠に雨が降り、絵の一部が消えたという。一〇〇～七〇〇年頃に栄えたナスカ文化時代に描かれたものだが、あまりに大きいため地上からはわからず、二十世紀になって初めて航空機によって発見されたそうである。

ナスカはペルーの首都リマからプロペラ機で一時間ほど南へ飛んだところにある。到着してすぐ博物館に案内された。一九九七年九月のことである。

一年に二時間しか雨が降らないという乾燥した気候のおかげでミイラがたくさん出土する。並べられた頭蓋骨の中に後頭部が長く伸びたのがあった。纏足と同じく幼時から布をきつく巻いて、長く変形させたのだそうだ。また、ある頭蓋骨には治療の跡が見られた。すでに開頭手術が行われていたことが窺われ、当時の医学レベルの高さに驚嘆する。

続いて、空から地上絵の見物に出かける。パイロットが私に英語を話すかと聞き、彼の隣へ座れと言う。写真を撮るのに好都合と思ったが、視界はかえって狭かった。乗客五人を乗せたセスナ機は、ふわっという感じで飛び立った。千メートルばかり上空で水平飛行に移ったが、目印がないので、まるで空中に静止しているような錯覚を覚えた。砂漠のあちこちにつむじ風が巻いているのが見える。三十分近く飛んだとき、突然機は右旋回し、右側の窓が真下を向いたとたんパイロットがマイクを取り出して叫んだ。

「右下に見えるのがアストロノートです」

岩の上に、言われてみれば宇宙飛行士のように見える絵が目に入る。パイロットが、では次に左側の席の方のためにと言ったかと思うと急旋回をした。砂漠がぐぐっと盛り上がってくるように見える。ハチドリ、クモ、サル、コンドルなど次々に現れる絵の上で右、左と旋回を繰り返すので、まるで宙返りをしているようだ。目はくらみ吐き気がして、カメラを構えるが、とても撮ってはいられない。

パンアメリカンハイウェーが巨大なトカゲの尻尾の上を走っている。文字通りトカゲの尻尾切りである。それにしても、何の目的でこんなに大きな絵を描いたのか、未だに謎は解かれていない。

動物の絵をいくつか見て飛行場に戻ったときは、みんなふらふらだった。操縦席の上に大きな字でチップ歓迎と書いてあったが、それどころではなく、妻に至ってはバッグを機内に置き忘れてしまった。

黒い砂漠の表面を少し掘ると白い地層が現れる。幅二十センチほどの溝を掘ることによって絵は描かれているので、今後また砂漠に雨が降れば土砂で線が埋まり、世界遺産に登録された地上絵は消えてしまうかもしれない。今の世の中、何でも早く見るに如《し》くはない。

ナスカふたたび

新聞に地上絵が雨に流れるというペルー発の記事が載った。異常気象のせいでナスカ砂漠に雨が降り、絵の一部が消えたという。

初めてナスカを訪れたのは、一九九七年夫と一緒に出かけたときのことであった。このときはペルーの首都リマまで約二十時間かけて行き、そこからナスカまでは一時間のフライトだった。

ツアーは夫と岡先生の三人旅で、リマの空港で待っていたが予定時間を過ぎても飛行機が来ない。やっと現れたと思ったらなんと小型のプロペラ機だった。日本を出る数日前、地上絵観光のセスナ機が空中衝突したとのニュースが報じられていたので思わず、

「プロペラ機って、なんだか心配」

と言うと岡先生が、

「私は島の診療に駆り出されたことがあって、そのときもプロペラ機だったんですよ。これならエンジンが止まってても滑空できるからすぐには落ちないんです」

と安心させてくれたのを覚えている。

ナスカに着いたのはお昼頃だったのに、なぜか二時過ぎまで待たされ、その間博物館などを見物して過ごす。

時間になって私たちはやっとセスナ機で地上絵の見物に出かけることになった。定員五名を乗せたセスナは千メートルぐらい上がるのにずいぶん時間がかかる。水平飛行に移ると何も目印がないのでホバリングしているような感じがした。

突然、機は右旋回し、パイロットが叫んだ。

「右下に見えるのがアストロノート（宇宙飛行士）です」

なるほどねえと眺めていたら、パイロットは機を急旋回させた。小型機の右列と左列に座っている客に公平に見せるためだが、曲芸飛行のようで目が回る。

地上絵の大きさは十メートルから三百メートルにも及ぶ。クモとかハチドリ、サルやコンドルなどの有名な絵の上まで飛ぶと、同じように右、左と旋回、私はすっかり気分が悪くなってしまった。

地上絵をいくつか見て飛行場に戻ったときは夫も私もふらふらだった。食事を後回しにするわけだ。チップを渡すどころではなくベンチにへたり込む。しばらくしてパイロットが、これどなたのですかとバッグを掲げて見せたので、私は初めてパスポートを入れたハンドバッグを機内に忘れたことに気づかされたのであった。あとで聞いた話だが、飛行機酔いが激しくて、我に返ったのは飛行機が着陸したあとだったという人もいたそうだ。

二〇〇八年五月に参加したペルーのツアーで夫と私はまたナスカの地上絵を見に行くことになった。今回のツアーはバスで地上絵観光の基地イカまで行く。朝早くリマを出発してイカの空港に着いたときはお昼になっていた。

切符売り場に行くと、数日前、地上絵観光の十二人乗りの飛行機が砂漠で不時着したという。安全確認のため三日間飛行機が飛ばなかったそうで空港は大混雑だった。地上絵に関するビデオを見ながら待つ。

地上絵は砂漠の上に線を引いて描かれたものではない。黒っぽい表面の砂を除くと白い部分が出てくるのを利用、表面の黒砂を除いて白い線の一筆書きのような絵を描いたのだが、誰が何のために描いたのか研究者の間では諸説紛々でまだ解明されていない。

千三百年以上前に描かれた地上絵はあまりに大きいので地上からはわからず、二十世紀になって初めて航空機によって発見された。パンアメリカンハイウェーを建設するに当たって調査なども行われたはずなのに当時はその価値がわからなかったらしい。アメリカの大学で天文学と古代灌漑を専門とする教授が地上絵の重要性を世界に発表したのは一九三九年になってからのことである。

教授の後を継いでドイツ人の数学者マリア・ライヘ女史は、地上絵の解析よりまず保存が先決だと世界中に訴え、一生を保存と研究にささげた。彼女の功績はマリア・ライヘ博物館で見ることができる。

グループで待機していると、セスナ機はちょっとフラフラした感じで降りてきた。天井から給油してから次のグループを乗せる。

「この前ここへ来たときは直前に飛行機が落ちたというし、今度は不時着だなんて心配ね。こんなところで死ぬのはいやよ」

夫と話しているうちに私たちを乗せたセスナ機は飛び立った。

エンジンが動き出すとイヤホーンを付けていても猛烈にやかましい。水平飛行になって下を見ると、イカ周辺はオアシスで緑が多いが町を外れるともう見渡す限りの砂漠である。三十分ほど飛ぶとやっと地上絵が見えてきた。

今度はどのように飛ぶかわかっているから前よりましだろう。それに逃げ出すのも癪だし、覚悟して乗り込んだが、やはり結果は同じだった。もうこりごり。

ガラパーティ・イン・メキシコ――メキシコ　二〇一一・一

二〇一〇年の暮れから二〇一一年のお正月にかけて夫と私はツアーでメキシコを訪れた。年末年始の海外旅行では、私は大晦日のガラパーティを楽しみにしている。ガラパーティのガラとはお祭りのことで、要するに年越しのどんちゃん騒ぎのことである。

大晦日はジャングルの中のホテルに泊まった。周辺に町はない。プールを取り囲んだ敷地は広く、緑が多い。別棟に特別室があってドアの横のプレートにジャクリーン・ケネディやエリザベス女王が泊まったと書いてあった。

このツアーの一行は十二名、夫婦三組と一人参加の女性四人と男性二人だった。見ず知らずの人々が集まるツアーでは最初の数日はまとまりがないのが普通だが、今回は他の旅で一緒だった人が二組いて、しかも一年前に参加したチュニジアツアーと同じ添乗員だったので、最初の夕食のときからすっかり打ち解けた雰囲気になっていた。

年越しパーティに出るのは夫と私だけのつもりだったが女性四人以外は一緒に出かけることになり、往きは添乗員が私たちを連れて夜九時頃出発した。

会場の隣のホテルまで歩いて十分くらい、すっかり日が暮れて森を抜ける道の片側に小さな電気が点々と灯されていた。とても静かで世の中に私たちだけが存在しているような気がする。

ほどなく着いた会場は天井の高い大きな建物だった。屋根はヤシの葉で葺いてあり壁はない。大晦日なのに半袖でいられるのだから夏はさぞ暑かろう。天井から大きな星や天使の飾りがぶら下がっていた。真ん中にキッチンがあり、たくさんのテーブルがその三方を取り巻いていた。ダンスができるように一か所空けてあったが、まだ早過ぎたのか人が少ない。

　真っ赤なテーブルクロスにカップやナプキンがセットされ、隙間に三角帽子や仮面がいくつも置いてあった。いかにもパーティ会場らしい。駄菓子屋にあるような吹き戻し（巻笛ともいう。先が丸まっていて吹くと伸びるおもちゃ）もある。何という楽器かわからないが、菜箸くらいの太さの棒の先にぐるぐる回るものがついている木製のものがあった。振り回すとぎりぎりと大きな音がしてぐっと賑やかになる。

　飲み物はマルガリータを注文。これはテキーラをベースにコアントローやレモンジュースを加えてシェークしたもので、とても美味しい。レモンで縁を湿らせたグラスを塩の上に伏せるとグラスの縁にきれいに塩がつき、そこへカクテルを注いだもので、メキシコに来てからすっかり味を占めた。これは一九四九年米国のカクテルコンテストで優勝したものだそうだ。考案者がメキシコ人の恋人マルガリータと一緒に狩りに出かけ、流れ弾に当たって死んだ彼女を悼んで名づけたのだという。

　料理はお任せで皆で食べ始めていると隣のテーブルにもう出来上がった感じの賑やかなグループが入ってきた。若い男性が三角帽子を頭に被り、さらに鼻にも被せて、まるでカラス天狗みたいなのがおかしい。私たちが眺めて笑っていたら、女性が寄ってきた。白いドレスが格好いい。

　外国では会話はいつも「どこから来たの」から始まる。日本からと答えると、

目隠しで人形をたたく「ピニャータ」はメキシコ版スイカ割り？

行列を作り音楽に合わせテーブルの間をねり歩く

「私はスイス。ラドーという時計メーカーに勤めているの。一緒に来たのはコンスタンツに住んでいるドイツ人」

「僕も昔ラドーを持ってましたよ」

夫が答えると彼女は満足そうな顔をした。

たくさんテーブルが並んでいるのに空席が目立つ。不景気なのだろうか、お客が少ない。私たちは毎年ガラパーティに出ているが、今夜はなんだかいやに盛り上がらない雰囲気だった。

食事を終え我々のテーブルではお喋りをしていたが、全体に沈んだ雰囲気にかなりがっかりした気持でいると、これからピニャータですというアナウンスがあった。

ピニャータはメキシコではお祭につきものだという。ダンスフロアに皆集まって来たところで、シェフが持っていた紐を緩めると天井からおじいさんの人形が降りてきた。大人の肩の辺りまである大きなもので、緑色のズボンに紺色のジャケットを着せられている。髪と胸までの髭は真っ白、眼鏡を掛けた頭のてっぺんから紐で吊るされていた。

客の中からちょうどお誕生日という金髪の女の子が呼ばれた。五歳くらいだろうか、ピンクのふりふりの洋服が可愛い。

まず目隠しをするとなったら、彼女は怖気づいてママのところに齧りついた。それでは他の方と言われて大人が挑戦する。目隠しをしたあと長い棒を持たされ一度人形にタッチする。ところが次の瞬間人形は紐に引かれて上下左右に動かされるので狙いが定まらない。何人もやったが棒はなかなか人形に当たらない上、当たってもよほど丈夫にできているらしくなかなか服が破れなかった。終いに紐を操作する人が人形をうまく操って棒に当てさせると、ズボンの中から飴がパラパラと落ちてきた。皆が集まって落ちた分を拾うとまた次の客がトライ、流石の人形も最後にはぼろぼろになってたくさんのお菓子が床にばらまかれた。

予想より客の入りが悪かったのだろう、意気の上がらない雰囲気がやっと賑わってきた。

カウントダウンのあと背の高いドイツ人が音楽に合わせて場内を歩き出した。近くの席の人が次々に前の人の背中に摑まり行進する。ウェイターまで加わってやっとガラパーティらしくなった。

帰りはご自分たちでお戻りくださいと言われていたので私たちはまとまって歩き出した。往きには点いていた道路に沿った灯りが消えて懐中電灯の明かりを頼りに歩いていくと、いきなり、

「空を見て」

と仲間の声がした。その声に振り返ろうとしたとたん私は道の石ころに躓いて仰向けにひっくり返ってしまった。どう転んだのかわからないがとっさに手でどこかを支えたらし

く、頭には大して衝撃は受けず、仰向けに倒れたままなんてきれいな星空だろうと思った。皆が大丈夫と駆け寄って立たせてくれる。声をかけた人が、あまり星空がきれいなので思わず大声を出して、びっくりさせてごめんなさいねと言っていた。

元旦早々縁起でもないと思ったが、幸いけがもなく、皆でゆっくりホテルへ向かう。闇に沈んだ森の彼方からかすかにガラパーティの喧噪がまだ聞こえていた。

ガラパゴスクルーズ――エクアドル　二〇一一・五

サンタクルス号へ

五月の連休に夫と私はガラパゴスクルーズに参加した。中米のエクアドルの首都キトまでアトランタ経由で約十九時間、ガラパゴス諸島までは、キトからさらに飛行機で二時間かかる。本当に遠い。

お昼前、島に到着、空港の建物には消毒液を浸したマットを踏んで入る。飛行機一機分の観光客で狭い建物はいっぱいになり、蒸し暑くて息がつまりそうだった。

ガラパゴス諸島は一九七八年ユネスコの世界自然遺産第一号として登録された。しかし観光客の急増、それに伴う人口の増加で、二〇〇七年には危機遺産のリストに入ってしまった。危機感を強めた政府とダーウィン財団の努力でどうやら二〇一〇年危機遺産リストから外された。外来の動植物から島を守るのに非常に神経質になっているので入島審査は厳しい。

百二十三ある島の陸地の三パーセントに居住や農業が許され、観光客が上陸できるのは一パーセントに過ぎない。

審査が終わるとバスで港へ。バンガと呼ばれるゴムボートが待っていた。彼方に大型や小型の船がいくつも浮いている。

「あの二番目に大きな船が私たちの船です。ほら舷側にサンタクルスと書いてあるのが見えるでしょう」

島影が遠くに見えるほかは海と空ばかり、船がなんだか小さく思えた。幸い晴れあがって風もなく波が静かである。一人ずつ手を取られてバンガに乗り込む。十五人乗ると満杯で、今度の旅の募集が十五人限定とあった理由がわかった。沖泊まりの船に着くと、船腹に下ろされたタラップに乗り移る。上がったところは広いロビーで、船員がすぐ船室まで連れて行ってくれた。

最後尾の私たちの部屋にはベランダがついていて明るくて気持ちがいい。荷物が届くのを待っていると、がらがらと碇を巻き上げる音がして船が動き始めた。白く泡立つ航跡の上を大きな真っ黒い鳥が群れで飛んできた。羽を広げると二メートルほどある。

「すごい。迫力あるわねえ」

「ああ、あれ、グンカンドリですよ。のどが赤いのがオスです」

と添乗員。話していると突然大音声で放送が入って跳び上がる。

「サイレンが鳴ったら部屋に備え付けの救命胴着を持ってサンデッキに集まってください」

四泊五日のクルーズはまず避難訓練から始まった。乗客は全部で九十人、サンデッキに上がってまず救命胴着のつけかたを習う。

「まだ一度も緊急事態は起こったことはありません。タイタニックと違ってボートは人数分あるので安心してください。この後ロビーでウェルカムドリンクが出ますのでそちらへどうぞ」

この説明で訓練終了。ロビーへ行くとまず船員の紹介があった。マネージャーはもじゃもじゃの髪が顔の倍くらい広がった魔女みたいで、船長よりずっと印象的だった。ロビーに続く食堂には六人掛けの丸テーブルが並んでいて昼食が出る。この船は古いけれど料理はどの船にも負けないと威張っていたが確かにおいしい。

クルーズといえば優雅な船旅というイメージがあるが、ここでは船に泊まる合宿のようだった。細かくスケジュールが決められていて、のんびりする暇がないのには驚いた。

食事のあと、早速グループ毎にオリエンテーションが始まった。

朝はモーニングコールで起床、船は夜のうちに上陸する島の近くまで移動しているので、八時には島へ出発する。お昼は船に戻り、午後また出かける。十五人一組の各組に名前が付く。ゾウガメ、アルバトロス（アホウドリ）組など、私たちの組はコルモラン（コバネウ）という名前になった。日本人は私たち十五人だけ、あとはフランス人とかカナダの人たちでかなり年配の人が多い。小学生くらいの男の子が二人いた。出発順は毎回ずれるので、放送で呼ばれたら簡単な救命具をつけバンガで上陸する。動物は人を怖がらないが絶対にさわらないこと。人間の臭いがつくと親が子育てを放棄するのだそうだ。

「午前、午後と出かける前に名簿にチェックを忘れないでくださいね。帰船したときも必ずチェックをしないと海に落ちたか島に残されたのかと大騒ぎになりますから」

説明を聞いたあと最初の島へ行くことになった。私たちの出発は三番目である。いよいよウミイグアナに会える。合宿みたいでなんだか嫌ねとぼやいていたのに、急に気持ちが弾んできた。

ウミイグアナの島へ

午後三時半、サンタクルス号に乗り込んでから最初のツアーでウミイグアナを見に出かけることになった。

「コルモラン（コバネウ）グループの番です。救命具をつけてロビーに集合してください」

私たち日本人組の番である。大音声の放送に急き立てられて私たちはロビーに集合。救命具は簡単な首にかけるタイプだが、背中の紐のかけ方がわかりにくく、バンガに乗る前に全員直された。タラップの下で、船員と同行する現地ガイドが、客の手首を両方で持って、一人ずつバンガに乗せてくれるので安心だ。

島の居住区以外の場所に上陸するときは、エクアドル人のナチュラリスト・ガイドの同行が義務付けられ、ガイドを含む十六人以内のグループで行動することになっている。私たちに付いた現地ガイドは三十代の女性だった。スペイン語と英語を話す。

最近小笠原諸島が自然遺産に認定された。ガラパゴスのように自然保護の体制が早く確立されるといいのだが、もういろいろ問題が出てきているようだ。

バンガにはヤマハのエンジンがついていて十分ほどでサンタクルス島へ着いた。因みに私たちの船の名はこの島に由来する。

今日はドライランディングである。海岸に岩場があり、バンガから濡れずに上がることができるのをドライランディング、砂浜の波打ち際にバンガを寄せて上陸するのをウェットランディングという。そのときはひざ上まで水に浸かることもあるので濡れてもいい服装が必要だ。

上陸すると大きな袋に全員の救命具をしまって浜に置き、ガイドに連れられて島に入っ

サンタクルス島への上陸は岩場からのドライランディング

岩の上ではウミイグアナがお出迎え

ていく。

少し歩いたところでガイドが止まった。岩の上にウミイグアナが一匹、初めて本物がいたので皆喜んでわっと周りを取り囲む。テレビで見ていたより案外小さいなと思った。見るだけですよと言われ傍に寄ったが、ウミイグアナはわれ関せずという顔つきで目玉さえ動かさず澄ましている。

ウミイグアナは唯一海に潜れるトカゲの一種だが、活動するためにはまず体を温める必要がある。そこで太陽に温められた砂浜や岩場で鋭い鉤爪の生えた前足をしっかりふんばってじっとしているのだそうだ。

体長は七十から百三十センチ、しっぽが体の半分くらいあり泳ぐときに役立つ。よく見ると真っ黒で恐竜のような怖い顔つきをしているが性格はおとなしい。頭から尾にかけて棘のようなとさかが並んでいる。鱗の変形したもので、その大きさでオス、メスがわかる。体が温まると海に潜って岩についた海草をはぎ取って食べるため唇が厚く口の中にはぎざぎざの歯が生えている。

最初の一匹で大喜びしたが何のことはない。海岸に回ると白い砂浜にウミイグアナが群がり折り重なっているのを発見した。

波打ち際の大きな岩の上にも重なり合って沢山いるが、黒い岩の上ではあまり目立たない。そのかわり数えきれないほどたくさんのベニイワガニが点々と岩に取り付いていて黒地に紅い水玉模様に見えた。

アメリカミヤコドリが浜辺をせわしげに歩き回っている。黒っぽい羽だが胸毛は真っ白で、長い真っ赤なくちばしが目立つ。波打ち際の砂の中の貝を巧みに食べている。どの生物も人をまったく恐れないので保護が行き届いているなと感心した。

「さっきスコールのような雨が降って水が出たのでこれ以上内陸には行けません。バンガに戻って島の周りを観光します」

とガイド。

また救命具をつけ、バンガに乗って島の縁の切り立った崖に沿って行くと早速カッショクペリカンが飛んできた。近くで見ると大きいものだ。岩の上にペンギンが立っている。体長五十センチほどか。ガイドが自慢そうに、

「この辺は冷たい海流が流れ込んでいるので熱帯なのにペンギンがいるんです。諸島全体でも千八百羽くらいしかいないので見られるのはラッキーなんですよ」

赤道直下なので夜明けは六時で日没も夕方六時、日没までにバンガで船に戻らなければならない。船に着くとタラップの下で片足ずつ足を上げて、ホースで靴についた砂を洗ってもらう。ロビーで救命具をかたづけ、名簿にチェックマークを入れる。一人チェックを忘れて、船内放送が大音声で「チャーリーさん、いらっしゃいますか」と叫んでいた。

最初の夜なのでロビーでカクテルパーティ、そのあと夕食となった。海は凪いで気持ち

がいい。

六人掛けのテーブルが並んでいて、たまたま座ったところに偶然夫と同い年の男性が二人、私と年の近い夫婦が一緒になりすっかり意気投合、これから毎晩順番にワインをボトルで取って一杯やりましょうよということになった。ほろ酔い気分で自分の部屋に戻る途中、舷側から外を見ると海は真っ暗で明かり一つない。空を見上げると南十字星がくっきりと輝いて見えた。

グンカンドリの島

翌日のツアーの目的地はノースセイモア島だった。島に近づくと大きな鳥が群舞している。ガラパゴス諸島に着いた日、船尾で見かけた鳥でグンカンドリという。自分で餌を取らず他の鳥を攻撃して獲物を横取りするので、英語ではフリゲートバード、駆逐艦鳥と呼ばれている。

この島はグンカンドリの営巣地で、羽を広げると二メートルほどある黒い鳥が数知れず飛びまわっている。眺めていると目が回りそうだ。のどのあたりにしぼんだ赤い袋が見えるのがオスである。

島の周りは溶岩の岩場になっているが、濡れているので滑りやすい。ガイドに助けてもらって恐る恐るバンガから上陸した。

上がってみるとどこまでも平らで、背の高い木はほとんどないが灌木が茂っていて緑が美しい。赤土のトレイルを行くと、

「リクイグアナですよ」

とガイドが指差した。

全長一メートルくらいだろうか、道の真ん中にじっとしているのでうっかりすると踏んでしまいそうだ。全体は茶色っぽく頭のあたりが少しオレンジ色で、小さい岩に短くて太い足をかけて人のいるのを気にもかけない。泳ぐ必要がないのでウミイグアナほどしっぽは長くない。リクイグアナはウチワサボテンを食べている。食べられてはかなわんと、この島のサボテンは高く伸びてうちわのような葉は上の方についている。長い間に自衛するようになったものであろう。

しばらく細いトレイルを行くと茂みの中にグンカンドリが沢山見られた。丈の低い灌木に巣を造っていて、子供は羽が真っ白でよく目立つ。それなのに成鳥は真っ黒なのが不思議だ。長いくちばしの先が少し曲がっている。

一羽のオスがまさに求愛しているところだった。テレビでもよく見るがやはり実物は迫力がある。くちばしのすぐ下から足のつけねまでのど袋を膨らませるので、真っ赤なサンドバッグを抱いているようである。横のメスに気に入られようとのけぞるほど頑張っているのに彼女はそっぽを向いている。しかもしばらくするとどこかへ飛んで行ってしまっ

た。

「あーあ、かわいそう。あんなに頑張ったのに」

と言いながら眺めまわすとあっちにもこっちにも同じような光景が見られる。やっとメスに受け入れられた幸運なオスを見つけてほっとした。グンカンドリが特に多く集まっている灌木の茂みがあったので思わず寄って行くとガイドに、

「ストップと立て札が出ているでしょう、そこから先は入ってはいけません」

と注意されてしまった。

上陸地点の反対側へ向かう途中、今度はアオアシカツオドリが求愛のダンスをしているところへ出た。オスはメスの前で尖ったくちばしを思い切り上に向けて、甲高い鳴き声をあげながら足踏みをして羽を広げる、水かきのついた足はトルコ石のようなきれいな青い色をしている。腹は白い羽毛で覆われているのにどうして足だけこんなに青いのだろう。足の色は青ければ青いほどメスにもてるのだそうだ。羽は茶色で背中は白と茶の模様があってお洒落だ。

そこへ船に乗っていた男の子が二人やって来た。二人とも青いソックスを履いている。近くの岩の上で鳥のダンスを眺めているのが、ちょうど人と鳥がおそろいの靴下で並んでいるようで可愛かった。

トレイルの切れたあたりは真っ白な砂浜で、上陸地点の溶岩の岩場とは全く違う雰囲気だ。波打ち際との段差に丸い石がごろごろしている。

あちこちの石の上にはウミイグアナが体を温めていた。大きな石の間のプールになったようなところに一メートルほどある大きなウミガメが休んでいる。

アシカも多く、砂浜の岩にもたれて昼寝をしているので、足元をよく見ていないと踏みそうになる。小さいのは可愛いわねえと眺めていたら突然寄ってきたので慌てて逃げる。うっかり触ったら大変だ。

この島は広いので多少自由に動きまわれたせいか、みんなのんびりして集合時間に遅れがちで、ガイドに呼ばれてしまった。

「これが船に戻る最後のバンガですよ。乗り遅れたら一晩この島に残ってもらいます」

夕焼けに追われるように私たちは急いで救命具を付け、ノースセイモア島に別れをつげたのであった。グンカンドリたちも巣に戻ったらしく、もう鳥影もなく海は静まりかえっていた。

ラビダ島を巡って

ガラパゴスクルーズの三日目、私たち一行十六人はバンガというゴムボートでラビダ島へ向かった。島に近づくと正面の広い砂浜が朝日に輝いている。

「わあ、砂が赤くてきれいねぇ。海が青いので余計引き立つわ」

「砂には鉄分が多く含まれているのでこんなに赤い色になるんですよ。今日はウェットランディングですから、長ズボンの方は膝の上までまくり上げてください」

とガイド。夫も私も短パンに海浜用の靴を買ってきたので準備オーケーである。

島によっては上陸できる適当な岩場がないので、バンガを砂浜に乗り上げる。外側を向いて腰かけ、波が引いた時を見計らって飛び降りると、膝あたりまで水がきた。タイミングを間違えるとかなり濡れてしまうことになる。

上陸すると赤い砂浜に白い物があり、よく見たら死んだアシカの頭蓋骨だった。島の中に入っていくと、早速ノスリが近くの木に止まっているのを発見。

「ノスリはガラパゴスの陸上生物の食物連鎖の頂点に立つ鳥です」

ガイドの言葉にカメラマンたちが周りに群がった。

ノスリはタカの一種で、四十センチくらいだろうか、あまり大きいという感じはしないががっちりしていて短いが尖ったくちばし、鋭い爪をもっている。目力が強くいかにも猛禽らしい。

今回の同行者は写真好きが多く、本格的な重いカメラを二台も三台も首に下げている人が数人いる。ノスリは逃げる様子もなく、羽づくろいに余念がない。

ラビダ島への上陸は砂浜からのウェットランディング

ノスリの止まった木の裏側にラグーンがあって真ん中にフラミンゴが一羽だけ片足で立っていた。水面に映ったピンクの影はピクリとも動かない。ケニアのナクル湖では湖岸を埋め尽くすフラミンゴの群れを見た。群れているのが当たり前だと思っていたが、孤独を楽しむのもいるらしい。

「まだ子供なのでピンクの色が薄いですね。あの色はエサの小エビ等の色素によるものです」とガイド。

この島にはいやに蚊が多い。払っても払ってもまとわりついてきて閉口した。マネシツグミという鳥が寄ってくる。他の動物や鳥の鳴き声をまねるのが上手だそうだ。島によってくちばしの形が異なることもダーウィンの進化論のヒントになったともいわれる。警戒心がなく好奇心旺盛なのは驚くばかりで、平気で人間に近づいてきて人の足に止まった蚊をつついて食べる様子が可愛い。

背の高いウチワサボテンの間のトレイルを歩いていくと島の反対側の入江に出た。入江では沢山のカツオドリやペリカンが魚を捕っている。ペリカンはくちばしの下の袋で海水ごと魚を掬って取る。大きな羽を背中に立て水中に突っ込む姿は豪快で見飽きなかった。

一時間ほどで島を一周し元の砂浜に戻った。

「これからシュノーケリングを楽しみましょう」

との合図で船から持参した大きなバスタオルを砂の上に敷いて支度する。私はシュノーケリングをやるなんて知らなかったが、驚いたことに船会社のスケジュールに入っていて、船には乗客の数だけ簡単な用具が揃っていた。

「私、泳げないからやらないわ」

と言うと、

「私も初めてだったけど昨日やってみたら面白かったわよ。ペンギンやアシカと一緒に泳いじゃった」

前日やってみた仲間がそそのかすので試してみることにしたのである。

「初めての人には親切にお教えします」

とガイドが言っていたが私がゴーグルのつけ方も解らず困っているのに無視された。一度経験した夫に教わって足ヒレをはいてみたが、全く歩けない。ゴーグルをつけると鼻がふさがれて、たちまち呼吸困難になり慌てていたら、

「パイプをくわえて口で息をするんだよ」

と教えてもらってやっと準備完了。砂が焼けて熱い。エリマキトカゲのようにつま先で走って海に入る。

海に入るのは何十年ぶりだろうか。ぬるめのお風呂のようで気持ちがいい。波に乗って浮き、顔をつけると水がとても澄んでいて底までよく見える。すぐに大きな真っ黒な魚が現れた。白い縦縞がよく目立つ。小魚もたくさん泳いでいた。虹のようにいろいろな色がついていて泳ぎ回るのにつれてキラキラ光るのが美しい。ガラパゴスヒトデは真紅でとても大きい。

私は背の立つところでうろうろしていたが、夫は岩場の方にはもっといろんな種類の魚がいたと言う。この島にはアシカやペンギンはいないそうだ。

「昨日は一緒に泳げたって仲間が言ってたのに残念」

「ペンギンは陸上の動きから想像できないほど速く泳ぐんだよ。いたと思ったらもう向こうの方に行っている。一緒に泳いだなんてオーバーだよ」と夫。

この日、上級者はディープシュノーケリングに出かけ、そのうち一人が溺れかかったそ

うだ。やはり海は怖い。

時間がくるとまた救命具をつけて船に戻る。バンガからタラップに移ると、船員がホースで足を洗ってくれる。足を洗わないと船には入れてもらえないのだ。それぞれの島の生態系を乱さないためだという。

この日のお昼はとりわけおいしかった。午後に備え昼寝をしよう、私は快い疲れを引きずって部屋に戻った。

ゾウガメに会いに

ガラパゴスクルーズの最後に、再びサンタクルス島に出かけた。この島はガラパゴス観光の中心地となっていて、港にはたくさんの船や小舟がひしめいていた。最初にウミイグアナを見たのはこの島の反対側で、そちら側には人は住んでいない。

船着場に上がるとアシカがごろごろ寝ている。ずらっと並んでいるベンチもすっかり占領されていた。そばで見るとアシカは太くて長いのでベンチに二頭並ぶともう余地がない。写真を撮りに傍へ寄ったら邪魔だとばかり首を回してきたので急いで逃げ出した。

港近くの商店街を抜けると住宅地の細い道に入る。

「3・11の大地震でこの辺も一・五メートルくらいの津波に襲われました。あそこの建物の壁に水の跡が見えるでしょう」

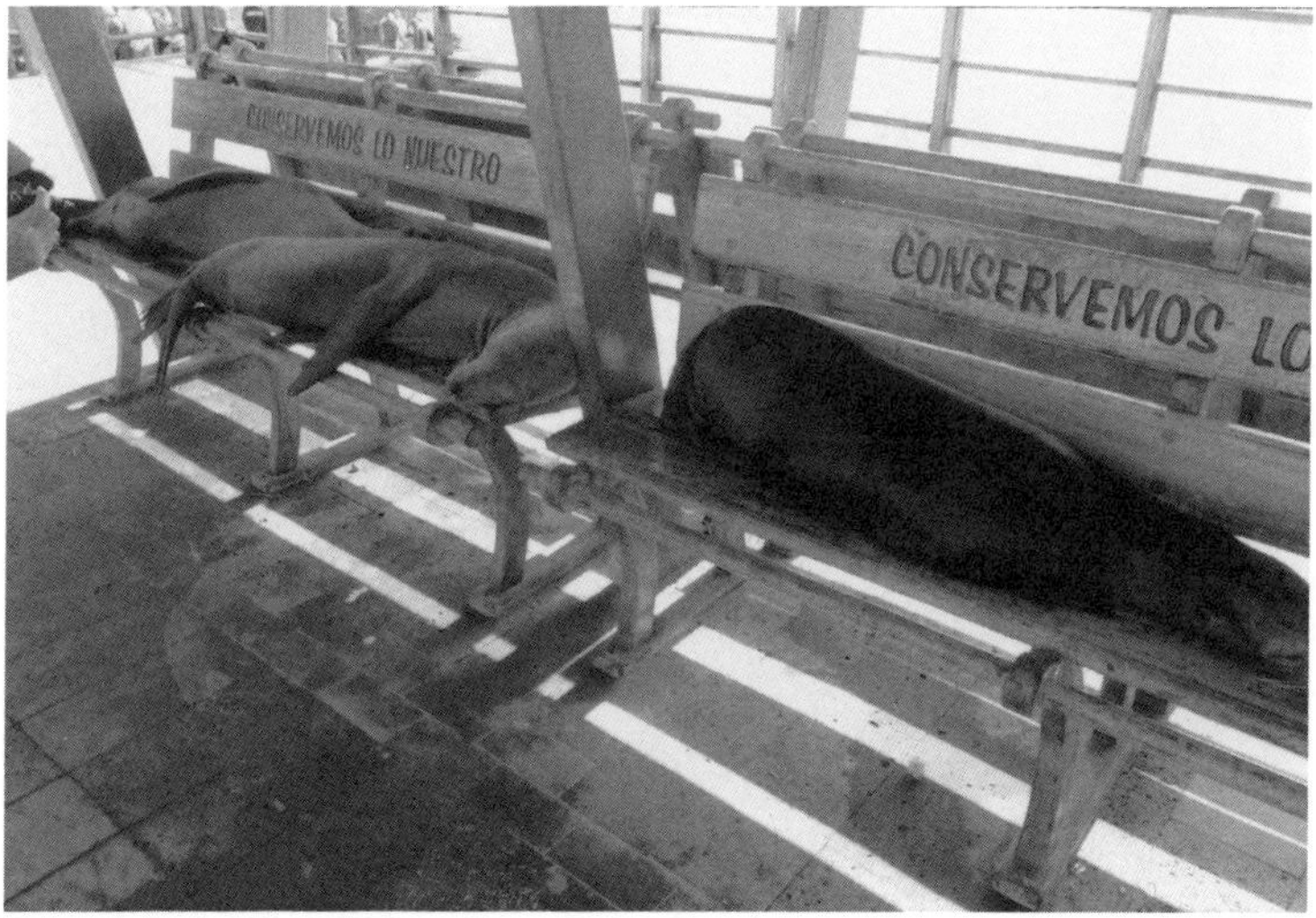

「ベンチはおいらのもの」とばかり占拠するアシカたち

とガイド。チリ地震では日本へも津波が押し寄せるし、日本で大地震が起こればガラパゴスまで波がくる。やはり海はつながっているなと実感した。

サンタクルス島は諸島の中で二番目に大きいが、居住できるのはごく一部で、それ以外の場所はガイドなしでは立ち入ることができない。

「これから野生のゾウガメを見に行きます。私有地なのでトレイルをはずれないように。数が少ないので見つからないときもあります」

ガイドについて行くと入口に小屋があり、ベンチの下にサイズを書いた泥だらけの長靴が並んでいた。毎日降るスコールのような雨のため道がぬかるんでいるので全員が履き替える。中に水がたまっていて気持ちが悪かった。

　草の茂った間の細い道を一列で進むと展示場がありゾウガメの甲羅がいくつか置いてあった。ガラパゴスゾウガメは世界最大級の陸生のカメで、岩のように硬い甲羅の刻みで年齢がわかる。置いてあるのは大体百五十歳くらいのもので体重は二百キロから三百キロだったという。肉がたっぷりあるので航海中の食料として重宝され数十万頭が乱獲されてしまった。今は絶滅の危機にさらされている。

　フランス人グループの女性が一人、足の方から甲羅に潜り込んだ。楽々入れるが、仰向けに入ったため顔が上向いているのが変で皆面白がって写真を撮っていた。

　その後トレイルを歩いて行くと水たまりがあちこちにあり、中にゾウガメが鎮座していた。少ないと言っていたが結構沢山いる。

　ここにいるのは草を食べる種類のゾウガメなので甲羅がドーム型をしている。首も足も引っ込めているとまるで丸い庭石が置いてあるようだ。前からのぞくと辛うじて顔が見える。食事以外はあまり動かないらしいから簡単に拾われてしまうのも無理はない。重いのでカメ用のクレーンが使われたそうだ。

　敷地には餌になるグアバやパッションフルーツの木が沢山生えている。日本の動物園のゾウガメはキャベツや小松菜を食べているのにここではフルーツで満腹とは贅沢なものだ。平均寿命は百七十歳くらいとか。

サンタクルス島にあるダーウィン研究所

ゾウガメの甲羅は人ひとりが潜り込めるほど大きい

昼食を海岸のホテルで済ませてからダーウィン研究所へ向かった。灌木の間に背の高いウチワサボテンが何本もつきだしている。

研究所では絶滅危機にあるゾウガメの人工増殖に励んでいる。飼育小屋がいくつもあって、中には卵や孵化したばかりの三センチほどの小ガメ、少しずつ大きくなっていくカメのケージが順序よく並べられていた。小さいうちは鳥や他の動物に食べられないようケージに金網が張ってある。こんなに小さいのがよくあれほど大きくなるものだ。

そのあとゾウガメの餌場を見学。六畳間くらいの平らなエサ台に草をどさっと置いてやると集まって食べる。外国人がエサ台に乗って注意されていた。ここには鞍型のゾウガメが十頭くらいいて、すぐ近くに寄ることはできるが触ってはいけない。この種はサボテンを食べるとき、高いところまで首を伸ばす必要があって甲羅の端がめくれ鞍型になったのである。サボテンの方も自衛上なるべく上の方に葉をつけるようになった。甲羅の形は生息する島ごとに異なり、これもダーウィンが進化論を着想するきっかけになったという。

二、三頭が喧嘩を始めた。太い足を踏ん張り、首を思い切り伸ばし大きな口を開けて相手に噛みつこうとしてもがいている。長く伸びた首が思いのほか素早く動くのでしばらく眺めていたが決着はつかなかった。

目は鼻の穴と同じ高さにあり、一直線に結ばれた口の上下に巾着のような縦皺が刻まれている。あまりハンサムだとは思えない。

他の島の特有種でただ一頭残ったゾウガメもこの研究所につれて来られ手厚く保護されている。名前はロンサムジョージ（淋しいジョージ）。これまでにお相手を何頭か一緒にしたが相性がよくなかった。最近新しいメスを入れたので皆期待しているそうだ。

研究所を出て海岸を歩く。ひどく暑いので、「ロンサムジョージ」という店でソフトクリームを買い食べていると、夕焼けの空を沢山のペリカンがねぐらをさして飛んでいくのが見えた。

※ロンサムジョージは二〇一二年六月二十四日、保護施設内で死んでいるのが確認された。ジョージの推定年齢は百歳以上とみられ、科学者たちはもう数十年は生きるだろうと予想していた。

著者プロフィール

寺尾 壽夫（てらお としお）

1930年1月　静岡県生まれ
1949年3月　旧制静岡高等学校卒業
1953年3月　東京大学医学部卒業
1954年6月　東京大学医学部冲中内科入局
1955年4月　東京大学大学院修了
1968年2月　西ドイツ留学（Wuppertal）
1970年6月　Mayo Clinic（アメリカ）、Research Associate
1977年11月　東京大学医学部第三内科講師、外来医長
1980年4月　帝京大学医学部第一内科教授
1988年4月　帝京大学医学部附属病院長
1991年11月　帝京大学医学部神経内科主任教授
1993年4月　帝京大学医学部長
1995年3月　退職　帝京大学名誉教授

寺尾 節子（てらお せつこ）

1937年12月　静岡県生まれ
1960年3月　津田塾大学　英文学科卒業
KEG（木村治美エッセイストグループ）所属
共著として『想い出の欧州航路　古きよき時代の航海日誌　1967～1968』(2007年12月)、『想い出のかけら　古きよき時代のドイツ、アメリカ暮らし』(2010年5月、いずれも文芸社刊)

想い出は飛行機雲の彼方に・上巻

2013年10月15日　初版第1刷発行

著　者　寺尾 壽夫
　　　　寺尾 節子
発行者　瓜谷 綱延
発行所　株式会社文芸社
〒160-0022 東京都新宿区新宿1－10－1
電話 03-5369-3060（編集）
03-5369-2299（販売）

印刷所　広研印刷株式会社

©Toshio Terao 2013 Printed in Japan
乱丁本・落丁本はお手数ですが小社販売部宛にお送りください。
送料小社負担にてお取り替えいたします。
ISBN978-4-286-11859-8